DURANT LA SOIRÉE

Renée Baron et Elizabeth Wagele

L'ENNÉAGRAMME FACILE

A la découverte
des neuf types d'individus

Editions Vivez Soleil

L'ENNÉAGRAMME

FACILE

A la découverte
des neuf types d'individus

Titre original : The Enneagram Made Easy, Discover the 9 Types of People

Couverture :
Traduction : Béatrice Petit et Nicole Catona

CH-1225 Chêne-Bourg/Genève
ISBN : 2-88058-133-8

A Liz (une Cinq) :
merci pour toutes ces années de rire et d'amitié,
ainsi que pour ta capacité à aller au fond des choses
dans ce que tu écris.
A mes enfants, Jodi, Tami et Dan, et à mes amis : merci
pour votre amour et votre soutien.
Avec toute ma reconnaissance pour la Communauté des Douze
Marches et la guidance de ma Puissance supérieure.

Renée

A Renée (une Deux) :
merci pour ton amitié, ton humour et surtout pour ton honnêteté.
Merci aussi à ma famille, Gus, Nick, Martha, Augie et Miranda,
et à mes amis.
Merci pour votre aide.

Liz

Ce livre, illustré par Liz, avec Renée regardant par-dessus son épaule, démontre que n'importe quelles personnes peuvent travailler ensemble si elles utilisent l'ennéagramme.

SOMMAIRE

A PROPOS DE L'ENNEAGRAMME

L'ennéagramme est une étude des neuf types fondamentaux d'êtres humains. Il explique leur comportement, donne des directions bien précises de développement personnel et, chose importante, permet d'améliorer les relations avec la famille, les amis et les collègues.

Pour trouver ses racines, il faut remonter plusieurs siècles en arrière. On ignore son origine exacte, mais on pense qu'il faisait partie de l'enseignement oral des confréries secrètes soufies, au Moyen Orient. Il a été introduit en Europe par G.I. Gurdjieff, enseignant russe mystique, entre 1920 et 1930, puis il est arrivé aux Etats-Unis dans les années soixante.

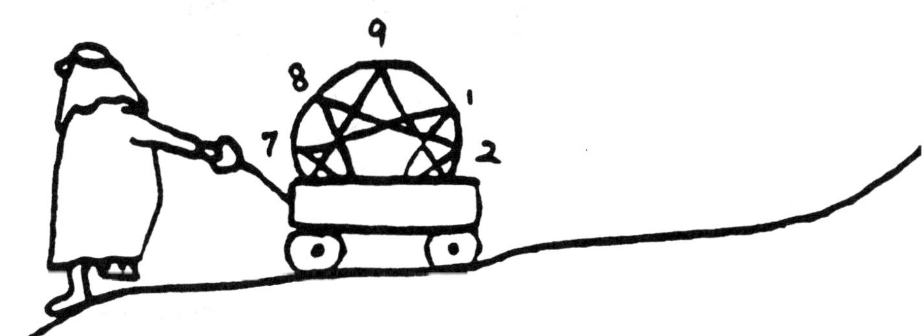

Le système de l'ennéagramme est représenté par un graphique en forme d'étoile à neuf branches. En grec, *ennea* signifie neuf et *gram* dessin. Ennéagramme signifie donc "dessin avec neuf points".

D'après ce système, nous avons appris durant notre petite enfance à trouver une certaine sécurité au milieu de nos problèmes familiaux et personnels en développant nos talents et aptitudes naturels.

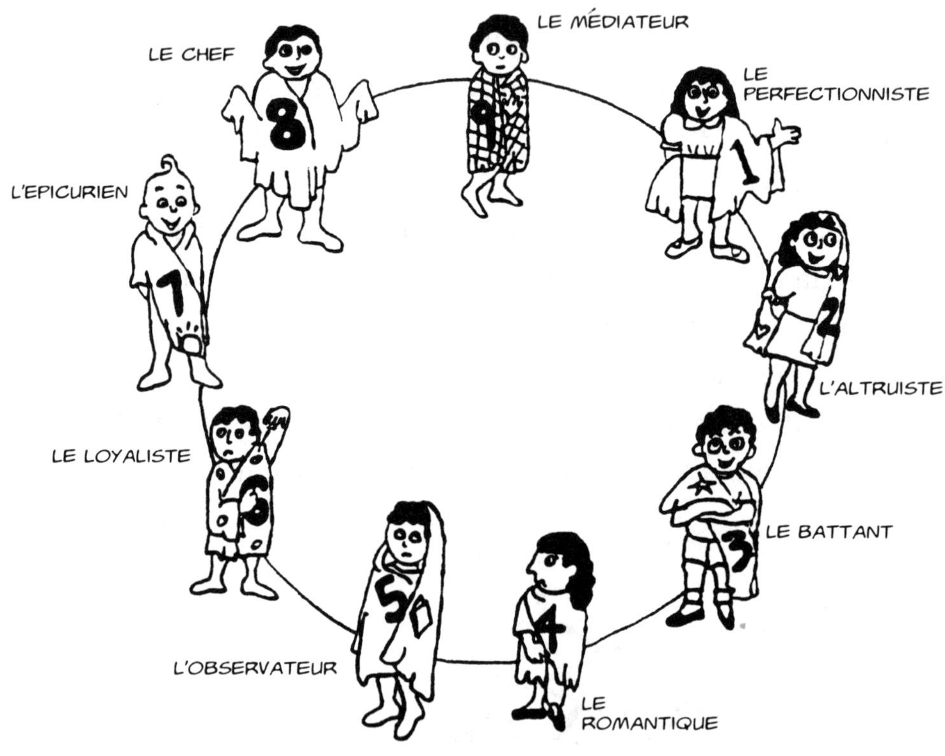

En travaillant avec l'ennéagramme, nous parvenons à une meilleure compréhension d'autrui et découvrons des alternatives à nos schémas comportementaux. Nous nous libérons de stratégies qui ont fait leur temps et finissons par considérer la vie d'un point de vue plus large.

Les individus du même type ont les mêmes motivations de base et, fondamentalement, la même vision du monde. Les variations au sein de chaque type proviennent de différents facteurs, tels que la maturité, le type des parents, l'ordre dans la fratrie, les valeurs culturelles et les caractéristiques propres telles que la tendance naturelle à l'introversion ou à l'extraversion.

Quand on apprend l'ennéagramme, on se met aussitôt à "typer" les gens que l'on connaît. Nous vous conseillons vivement de ne pas faire part de vos suppositions et de garder l'esprit ouvert. La détermination exacte du type est importante ; chacun doit la faire en accord avec sa perception intérieure.

Il peut être réconfortant de savoir que des millions d'individus font appel à la même stratégie que nous pour s'en sortir. Les schémas comportementaux qui émergent des neuf types sont cependant aussi nombreux, mystérieux et uniques que le sont les individus en question.

LE TOUR DE L'ENNEAGRAMME

1. Le graphisme de l'ennéagramme

Les neuf points situés à la circonférence du cercle se répartissent en un triangle et une figure à six branches.

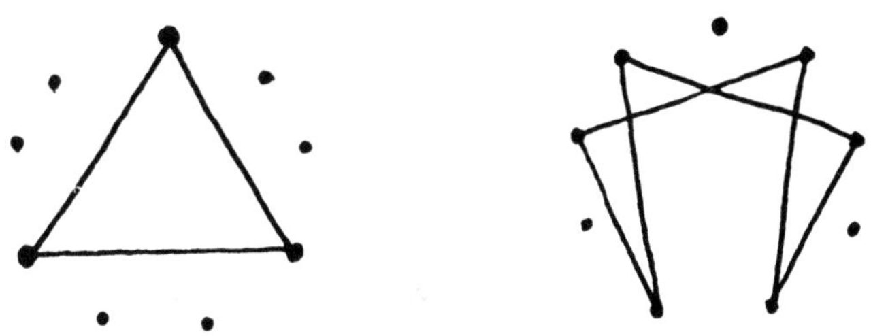

2. Les flèches

Chaque point de l'ennéagramme est relié à deux autres points. Ces deux points ou types sont appelés flèches. Lorsqu'on est détendu, on prend les qualités positives du chiffre qui est relié au sien dans l'ordre suivant : 1-7-5-8-2-4-1 et 3-6-9-3. Le Un va vers le Sept, le Sept vers le Cinq, etc. Sous l'effet du stress, on inverse les directions : le Un prend les qualités négatives du Quatre, le Quatre du Deux, etc. Les flèches constituent des outils dynamiques de croissance personnelle et sont expliquées dans chacun des chapitres.

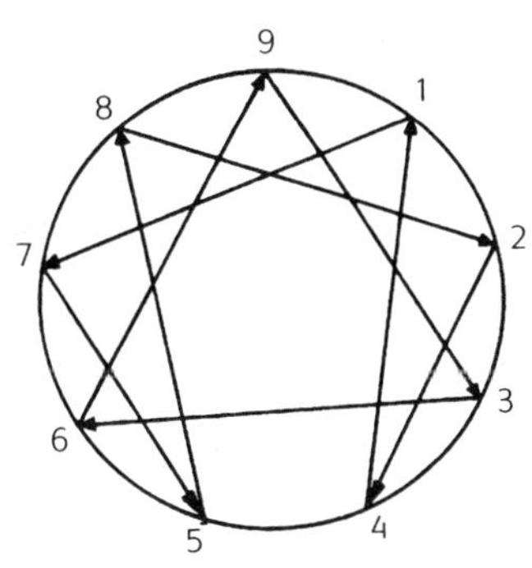

3. Les ailes

La personnalité peut se fondre dans les types qui se trouvent de chaque côté du type principal ou être influencée par eux. Par exemple, un Neuf présente souvent quelques caractéristiques du Un ou du Huit. Ces types adjacents sont appelés ailes.

En grandissant, certaines personnes semblent changer de type. Généralement, celui de l'enfant est en relation avec celui de l'adulte par les flèches ou les ailes.

BREVE DESCRIPTION DES NEUF TYPES

1. *Les Perfectionnistes* sont réalistes et consciencieux ; ils ont des principes. Ils s'efforcent de vivre selon des idéaux élevés.

2. *Les Altruistes* sont chaleureux ; ils se font du souci pour les autres, s'occupent d'eux et sont sensibles à leurs besoins.

3. Les *Battants* sont énergiques, optimistes, sûrs d'eux et déterminés à atteindre leurs objectifs.

4. Les *Romantiques* sont hypersensibles, chaleureux et réceptifs.

5. Les *Observateurs* ont soif de connaissance ; ils sont introvertis, curieux, analytiques et fins.

6. Les *Loyalistes* sont responsables et dignes de confiance ; ils accordent beaucoup d'importance à la loyauté envers la famille, les amis, les groupes et les causes. Leur personnalité possède une large gamme d'expression, depuis la réserve et la timidité jusqu'au franc parler et à la confrontation.

7. Les *Epicuriens* sont énergiques, vivants et optimistes. Ils veulent apporter leur contribution au monde.

8. Les *Chefs* sont directs et protecteurs ; ils comptent sur eux-mêmes et ont confiance en eux.

9. Les *Médiateurs* ont une bonne nature ; ils sont réceptifs et prêts à aider. Ils recherchent l'union avec les gens et avec le monde qui les entoure.

LES TROIS CENTRES

La détermination du "centre" aide à déterminer le type. Chaque centre est constitué de trois types adjacents, correspondant aux trois centres du corps : cœur, tête et ventre.

Le cœur ou centre des sentiments (image)

Les *Altruistes* (Deux) s'intéressent aux gens et s'occupent d'eux. Ils veulent donner l'image de quelqu'un d'aimant.

Les *Battants* (Trois) aiment être vus sous un éclairage favorable, en fonction des normes socialement admises.

Les *Romantiques* (Quatre) ont un fort besoin de s'exprimer et d'être considérés comme des originaux.

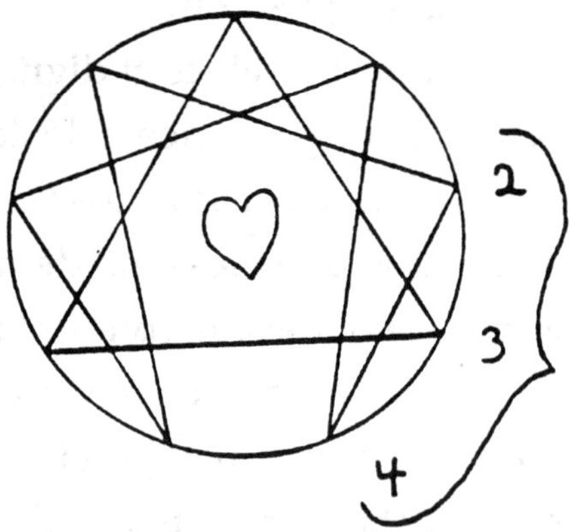

La tête ou centre de la pensée (peur)

Les *Observateurs* (Cinq) comptent sur leurs propres ressources et trouvent la sécurité dans la connaissance.

Les *Loyalistes* (Six) cherchent à se débarrasser de la peur en obtenant la permission et l'approbation des figures d'autorité, ou bien en se rebellant contre elles.

Les *Epicuriens* (Sept) sont actifs et optimistes. Il fuient les émotions déplaisantes, en particulier la peur.

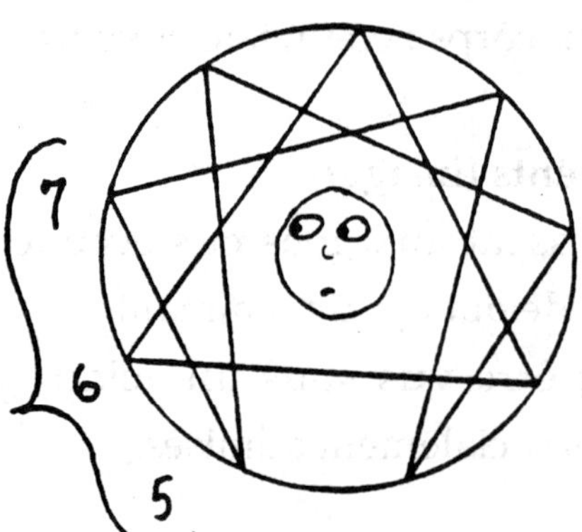

Le ventre ou centre de l'instinct (colère)

Les *Chefs* (Huit) donnent une image de force et n'ont pas peur d'exprimer leur colère.

Les *Médiateurs* (Neuf) sont agréables, accomodants et, souvent, n'ont pas du tout conscience de leur colère.

Les *Perfectionnistes* (Un) voient la colère comme un défaut de caractère et s'efforcent de la réfréner. Ils suivent de près les normes comportementales et/ou essaient d'améliorer le monde.

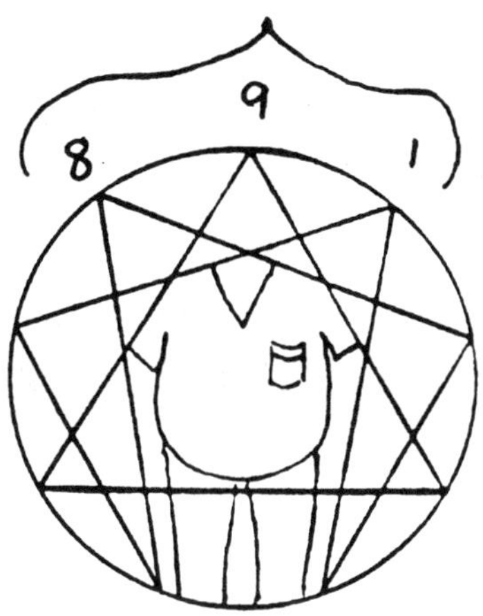

COMMENT TROUVER SON TYPE

Parallèlement à la recherche du centre, il existe d'autres moyens de déterminer son type.

1. L'inventaire de personnalité

Complétez l'inventaire qui se trouve au début de chaque chapitre. Répondez aux questions en fonction de ce que vous étiez avant l'âge de vingt-cinq ans (ou de ce que vous êtes maintenant si vous avez cet âge), car c'est le moment où les habitudes comportementales sont les plus automatiques. L'inventaire où vous obtenez le score le plus élevé a des chances de correspondre à votre type, mais ne vous arrêtez pas là. Il est préférable de lire tous les chapitres et de faire tous les inventaires. Si vous ne parvenez pas à trancher entre deux chiffres adjacents, l'un des deux est certainement votre aile la plus développée.

2. La comparaison entre l'ennéagramme et les types jungiens

Le dernier chapitre expose brièvement l'inventaire Myers-Briggs des types jungiens et compare les deux systèmes. Il accroît la portée de l'ennéagramme et peut également vous aider à déterminer votre type.

Rappelez-vous que vous êtes le seul à pouvoir décider du type auquel vous appartenez. N'acceptez pas d'être "typé" par quelqu'un d'autre.

AVANT LA SOIRÉE

LE PERFECTIONNISTE

LE PERFECTIONNISTE

J'ai peut-être des défauts,
mais être dans l'erreur n'en fait pas partie.
Jimmy Hoffa

Les Un sont motivés par le besoin de vivre de la manière juste ; ils cherchent à s'améliorer et à améliorer le monde qui les entoure.

Les Un, du meilleur côté, sont : éthiques, dignes de confiance, prductifs, sages, idéalistes, justes, honnêtes, ordonnés, auto-disciplinés.

Les Un, du plus mauvais côté, sont : rigoristes, inflexibles, dogmatiques, obsessionnels/compulsifs, critiques envers autrui, trop sérieux, enclins à contrôler, anxieux, jaloux.

INVENTAIRE DE PERSONNALITÉ

Cochez les phrases que vous auriez pu prononcer quand vous aviez moins de vingt-cinq ans (ou que vous prononcez maintenant si vous avez cet âge).

❐ 1 J'aime être organisé et méthodique.
❐ 2 J'ai du mal à être spontané.
❐ 3 Je me culpabilise souvent de ne pas en faire assez.
❐ 4 Je n'aime pas que les gens enfreignent les règles.
❐ 5 Je suis très gêné par une grammaire et une orthographe incorrectes.
❐ 6 Je suis idéaliste. Je veux améliorer le monde.
❐ 7 Je suis presque toujours ponctuel.
❐ 8 Je garde longtemps rancune.
❐ 9 Je me considère comme pratique, raisonnable et réaliste.
❐ 10 Lorsque je suis jaloux, j'ai peur et une rivalité s'instaure.
❐ 11 Soit je ne trouve pas le temps de me détendre, soit j'ai l'impression de ne pas avoir le droit de le faire.
❐ 12 J'ai tendance à classer les choses en justes ou fausses, bonnes ou mauvaises.
❐ 13 J'analyse à fond tous mes projets avant de les réaliser.
❐ 14 Je redoute d'être critiqué ou jugé par les gens.
❐ 15 Je me compare souvent aux autres.
❐ 16 La vérité et la justice sont très importantes pour moi.
❐ 17 J'ai souvent l'impression que le temps passe vite et qu'il me reste trop de choses à faire.

❒ 18 Je fais presque toujours ce que je dis vouloir faire.
❒ 19 Je me fais perpétuellement du souci.
❒ 20 J'aime que tout soit parfait jusque dans les moindres détails.

COMMENT S'ENTENDRE AVEC MOI

Prenez votre part de responsabilité, afin que je ne me retrouve pas avec tout le travail à faire.

Reconnaissez la valeur de ce que je fais.

Je suis dur avec moi-même. Rassurez-moi en me disant que je suis bien tel que je suis.

Dites-moi que vous tenez compte de mes conseils.

Soyez honnêtes et prévenants, comme moi.

Excusez-vous si vous avez manqué d'égards envers moi. Cela m'aidera à pardonner.

Encouragez-moi doucement à me dérider et à rire de moi quand je m'énerve, mais prêtez d'abord l'oreille à mes soucis.

RELATIONS

Les Un, sous leur meilleur jour, sont loyaux, dévoués, consciencieux et secourables. Ils sont équilibrés et ont le sens de l'humour.

Les Un, sous leur plus mauvais jour, sont critiques, raisonneurs, pinailleurs et intransigeants. Ils attendent beaucoup des autres.

CE QUE J'APPRÉCIE DANS LE FAIT D'ÊTRE UN "UN"

Je suis capable de m'imposer une auto-discipline et de faire beaucoup de choses.

Je travaille dur pour améliorer le monde.

J'ai des critères et une éthique élevés, je ne me compromets pas.

Je suis raisonnable et responsable ; je m'engage à fond dans ce que je fais.

Je suis capable de rassembler les faits, de bien comprendre les choses et de trouver des solutions raisonnables.

J'arrive à tirer le meilleur de moi-même et des autres.

CE QUI EST DUR DANS LE FAIT D'ÊTRE UN "UN"

Je me déçois moi-même et je suis déçu par les autres lorsque mes attentes ne sont pas satisfaites.

Je me sens dépassé par les responsabilités.

J'ai l'impression de ne jamais faire assez bien.

J'ai peur que les gens n'apprécient pas ce que je fais pour eux.

Je supporte mal de voir que les autres ne font pas autant d'efforts que moi.

Je suis obsédé par ce que j'ai fait ou par ce que je devrais faire.

Je suis tendu, anxieux ; je prends les choses trop au sérieux.

COMMENT JE ME RENDS FOU

LES "UN" ENFANTS, SOUVENT

Se critiquent eux-mêmes pour anticiper les critiques d'autrui.

S'abstiennent de faire des choses qu'ils pensent ne pas pouvoir réussir parfaitement.

S'efforcent de répondre aux attentes de leurs parents et de leurs enseignants.

Sont très responsables ; sont capables d'assumer le rôle de parent.

Réfrènent leurs émotions négatives ("les enfants sages ne se mettent pas en colère").

LES "UN" PARENTS

Donnent à leurs enfants le sens des responsabilités et de solides valeurs morales.

Sont cohérents et justes.

Sont partisans d'une bonne discipline.

PROFESSION

Les Un sont efficaces, organisés et vont toujours jusqu'au bout dans leur travail. On trouve les Un plus analytiques et solides dans les affaires, les sciences et l'application des lois ; les Un davantage tournés vers autrui dans les professions de santé, l'éducation et les œuvres religieuses.

Comme ils font les choses d'une manière professionnelle, honnête et éthique, vous avez intérêt à ce que votre garagiste, votre chirurgien et votre banquier soient des Un.

ET LES LOISIRS

Les Un font souvent partie de groupes de service communautaire (associations de parents d'élèves, scouts, associations de quartier, etc.).

Certains travaillent à la préservation de l'environnement par le biais de clubs, style Greenpeace et autres, ou bien sont engagés dans des causes humanitaires (des deux côtés du problème de l'avortement, par exemple). Les Un font souvent tout ce qu'ils peuvent pour être en bonne santé – suivre un régime entre autres – ou bien se culpabilisent s'ils ne le font pas. Nombreux sont ceux qui travaillent pour venir en aide à leurs amis et à leur famille. Les Un sont généralement des étudiants brillants.

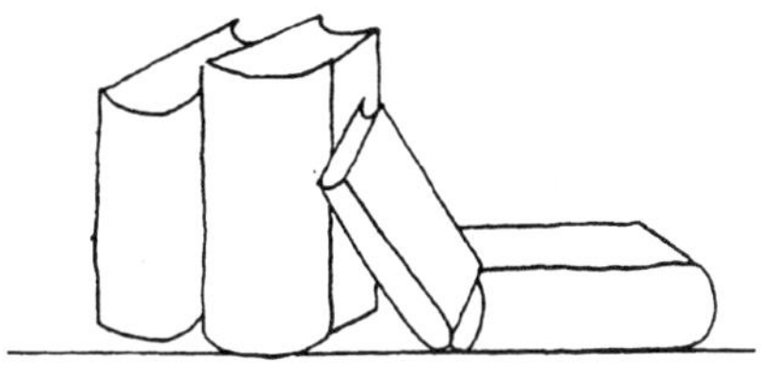

COMMENTAIRES SUR LES "UN"

"Mon employée est efficace et patiente. Quand elle n'arrive pas à terminer un travail, elle l'emporte chez elle. Si jamais elle partait, je serais obligé d'engager deux personnes pour la remplacer."

"Mon ami a quitté son travail parce que son patron lui demandait de faire quelque chose qui n'était pas éthique. Il tient à vivre selon ses principes et ne sacrifiera jamais sa morale. Il met en pratique ce qu'il prêche."

"Mon amie Un est enseignante. Elle travaille dur, parce qu'elle tient à lire à fond le moindre devoir et à noter toutes les critiques possibles. Les étudiants l'aiment parce qu'elle est intéressante, juste, et qu'elle leur donne des idées."

"Lorsque j'ai besoin d'aide, il est toujours prêt à me tendre la main. Il reste jusqu'à ce que le travail soit fini."

AILES

Votre personnalité peut se fondre dans les types qui se trouvent de chaque côté du vôtre ou être influencée par eux. Elle est parfois nettement modifiée par une aile forte.

Les Un avec une aile Deux développée tendent à être plus chaleureux et plus secourables ; ils critiquent et contrôlent davantage.

Les Un avec une aile Neuf développée tendent à être plus froids, détendus, objectifs et détachés.

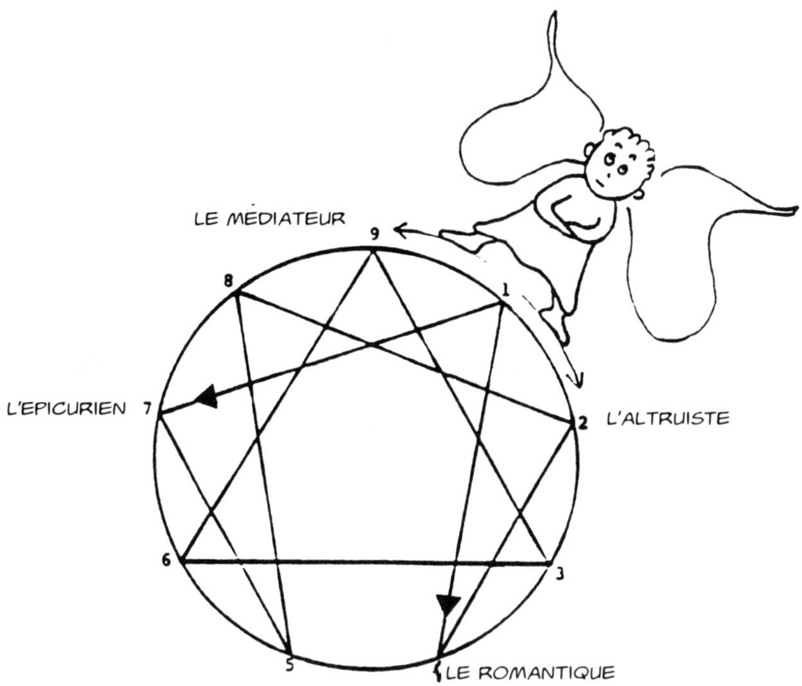

DÉPLACEMENTS DANS L'ENNÉAGRAMME

Suivant les lignes du diagramme, les Un vont vers le Sept dans une direction et vers le Quatre dans l'autre. Ils vont vers le côté positif du Sept lorsqu'ils se sentent en sécurité ; ils peuvent également cultiver consciemment ces qualités positives. Ils vont vers le côté négatif du Quatre lorsqu'ils sont stressés ; mais ils peuvent s'efforcer consciemment d'éviter ces traits négatifs. Lisez le chapitre sur les types Sept et Quatre afin d'en apprendre davantage sur eux.

Quand les Un vont vers le côté positif du Sept, ils :

Deviennent moins critiques et s'acceptent davantage.

Sont plus enthousiastes et optimistes.

Agissent de façon plus naturelle et spontanée.

Dans une situation donnée, se détournent de ce qui est mal pour aller vers ce qui est bien.

Pratiquent davantage d'activités ayant pour but le seul plaisir.

Quand les Un vont vers le côté négatif du Sept, ils :

Se détruisent par l'abus de drogues ou autres excès.

Quand les Un vont vers le côté négatif du Quatre, ils :

S'indignent parce que leurs attentes n'ont pas été comblées par eux-mêmes, par les gens ou par la vie en général.

Tournent leur colère contre eux-mêmes et dépriment.

Perdent leur confiance en eux et/ou se sentent mal aimés et indignes d'être aimés.

Rêvent de ce qu'ils n'ont pas et désespèrent de l'obtenir.

Quand les Un vont le côté positif du Quatre, ils :

Entrent en contact avec leurs sentiments profonds.

S'engagent dans des activités créatrices ou artistiques.

SUGGESTIONS PRATIQUES ET EXERCICES POUR LES "UN"

1. Donnez-vous ce dont vous avez besoin

Chaque jour, consacrez un peu de temps à des distractions que vous aimez, telles que jardiner, aller au cinéma, pratiquer un sport, marcher, être avec des amis ou bricoler dans votre atelier.

Accordez-vous régulièrement des petites attentions (fleurs, événements sportifs, bains de bulles, dîner dans votre restaurant favori).

Accentuez l'importance de l'humour dans votre vie. Apprenez des blagues, collectionnez les dessins humoristiques, regardez des spectacles comiques.

Prenez conscience de ce que vous voulez et apprenez à le demander (même si c'est un caprice).

Evitez d'employer le mot "devrais". Transformez la phrase contenant "devrais" en "je veux..." ou "je ne veux pas...". Par exemple, "je devrais aller voir Mike" devient "je veux aller voir Mike" ou "je ne veux pas aller voir Mike".

Prenez des cours et pratiquez la relaxation, la méditation ou le yoga.

Félicitez-vous de vous autoriser à avoir un tiroir, une armoire ou une pièce en désordre.

Partez en vacances afin de prendre des distances vis-à-vis de votre travail et de votre compulsion à faire.

2. Reconnaissez votre colère et travaillez sur elle

Soyez conscient que vous faites des remarques sarcastiques ou cyniques lorsque vous vous sentez blessé ou sur la défensive.

Apprenez à accepter la colère, et à voir en elle une émotion humaine normale et utile.

Demandez-vous si, sous votre colère, il n'y a pas une autre émotion dont vous n'étiez pas conscient, telle que la tristesse ou la déception.

Comprenez que l'expression de votre colère ne vous rendra pas indigne d'être aimé.

PARFOIS LES "UN" ONT UN SOURIRE SUR LE VISAGE, MAIS ILS BOUILLONNENT INTERIEUREMENT.

Si l'expression directe de vos sentiments ne paraît pas appropriée, faites des exercices, écrivez ou parlez avec un ami.

Vous ressentirez d'autant plus votre frustration et votre colère que vous exercerez une pression sur vous-même et sur les autres dans le but de satisfaire des attentes irréalistes.

TROUVEZ UN EXUTOIRE POUR VOTRE COLERE !

3. Travail

Posez-vous des questions sur votre travail ; assurez-vous qu'il vous correspond et vous satisfait pleinement.

Demandez aux gens de vous aider, de façon à ne pas en faire plus que votre part. Si vous craignez qu'ils ne fassent pas les choses aussi bien que vous, trouvez un autre Un !

Autorisez-vous à faire certaines choses rapidement, même si c'est imparfait, de façon à passer au travail suivant ou à rentrer chez vous à l'heure.

Au lieu de ressasser vos erreurs passées, pensez à ce que vous avez réussi et dont vous êtes fier.

Ne laissez pas un seul défaut, dans ce que vous avez fait, diminuer votre estime de vous-même.

Acceptez de tomber quelques marches en-dessous de la perfection.

4. Relations

En nous, il y a tellement de bon dans le pire et tellement de mauvais dans le meilleur qu'il est assez difficile de dire quelle est la partie qui devrait réformer le reste.

Ecriteau vu à Springdale, Connecticut

Apprenez à pardonner les fautes et les erreurs, à vous-même et aux autres.

Apprenez à respecter, chez les autres, les façons de faire qui sont différentes des vôtres.

Soyez généreux en compliments et en encouragements.

Lorsque vous brûlez de critiquer ou de corriger quelqu'un, taisez-vous ou bien enveloppez ce que vous dites de remarques positives (pas de flatteries !).

Prenez conscience que le ton de votre voix peut être dur au point de troubler ou effrayer les gens.

Evitez de fantasmer sur votre capacité à changer les gens.

Pour les parents

Laissez vos enfants prendre des décisions afin qu'ils puissent développer leur estime d'eux-mêmes.

Faites-leur savoir que vous les aimez non seulement pour ce qu'ils font, mais aussi pour ce qu'ils sont.

Voyez tout, négligez beaucoup de choses, corrigez-en quelques-unes.

Pape Jean XXIII

J'ai découvert que la meilleure manière de donner des conseils à ses enfants est de comprendre ce qu'ils veulent, puis de leur conseiller de le faire.

Harry Truman

CE QU'UN "UN" NE RÊVERAIT JAMAIS DE FAIRE

Etre en retard d'une demi-heure au travail.

Ne pas envoyer dans les deux jours des cartes de remerciements pour les cadeaux d'anniversaire qu'il a reçus.

Ne pas faire de réservations pour toute la durée de ses vacances.

Laisser ses vêtements en tas et ne pas laver la vaisselle pendant une semaine entière.

Rire des critiques qui lui sont adressées.

Manger avec les coudes sur la table et utiliser sa manche comme serviette.

Prendre un bain relaxant juste avant l'arrivée de ses invités, au lieu de nettoyer une dernière fois la maison de fond en comble.

LES ANGES VOLENT
PARCE QU'ILS SE PRENNENT A LA LÉGÈRE !

CHOSES POSITIVES A VOUS DIRE

J'ai tout à fait le droit de me détendre et de m'amuser.

Je suis très bien même quand je fais des erreurs.

J'apprends à ne pas me prendre trop au sérieux.

Je suis parfait tel que je suis.

Je demande ce que je veux et ce dont j'ai besoin.

TU NE T'IMPOSERAS PAS DE "DEVRAIS"

L'ALTRUISTE

L'ALTRUISTE

Nous sommes sur terre pour aider les autres ;
pourquoi les autres sont ici, je l'ignore.
W. H. Auden

Les Deux sont motivés par le besoin d'être aimés et estimés, et d'exprimer leurs sentiments positifs envers autrui.

Traditionnellement, la société a davantage encouragé les qualités Deux chez les femmes que chez les hommes.

Les Deux, du meilleur côté, sont : aimants, attentionnés, souples, fins, généreux, enthousiastes, en harmonie avec ce que ressentent les gens.

Les Deux, du plus mauvais côté : prennent une attitude de martyr, ne sont pas directs, ont tendance à manipuler, sont possessifs, sont hystériques, se montrent trop accomodants, sont exagérément démonstratifs (pour les Deux les plus extravertis).

INVENTAIRE DE PERSONNALITÉ

Cochez les phrases que vous auriez pu prononcer quand vous aviez moins de vingt-cinq ans (ou que vous prononcez maintenant si vous avez cet âge).

- ❒ 1 Je veux que les gens se sentent à l'aise quand ils viennent me demander conseil.
- ❒ 2 Pour moi, les relations sont plus importantes que tout.
- ❒ 3 Je me sens parfois écrasé par la dépendance des gens vis-à-vis de moi.
- ❒ 4 J'ai du mal à demander ce dont j'ai besoin.
- ❒ 5 J'ai très envie de connaître l'intimité mais je la redoute.
- ❒ 6 Je suis plus à l'aise pour donner que pour recevoir.
- ❒ 7 Je suis très sensible aux critiques.
- ❒ 8 Je fais tout ce que je peux pour lever les obstacles à une relation.
- ❒ 9 Je m'efforce le plus possible de faire preuve de tact et de sensibilité.
- ❒ 10 Lorsque je suis seul, je sais ce que je veux, mais quand je suis avec des gens, je me mets à douter.
- ❒ 11 Il est très important pour moi que les gens se sentent à l'aise et bienvenus chez moi.
- ❒ 12 Je ne veux pas montrer ma dépendance.
- ❒ 13 Je ne supporte pas de regarder la violence à la télévision ou de voir les gens souffrir.
- ❒ 14 J'ai parfois un profond sentiment de solitude.
- ❒ 15 Si je n'ai pas l'intimité dont j'ai besoin, je me sens triste, blessé et sans importance.

❒ 16 Parfois, le fait de m'occuper de quelqu'un d'autre me rend malade et m'épuise sur le plan émotionnel.

❒ 17 J'ai tendance à me faire une idée de ce que souhaite l'autre, puis à agir en fonction de cette idée.

❒ 18 J'aime faire des compliments et dire aux gens que je tiens particulièrement à eux.

❒ 19 Je trouve agréable d'être avec des personnes importantes ou qui ont du pouvoir.

❒ 20 Certains ont dit que j'exagérais et que j'étais trop émotif.

COMMENT S'ENTENDRE AVEC MOI

Dites-moi que vous m'appréciez. Soyez précis.

Partagez de bons moments avec moi.

Intéressez-vous à mes problèmes, même si je me focalise sur les vôtres (ce que je ferai probablement).

Dites-moi que je suis important pour vous et que vous me considérez comme quelqu'un à part.

Allez-y doucement si vous décidez de me critiquer.

Dans les relations affectives

Rassurez-moi en me disant que vous me trouvez intéressant.

Répétez-moi souvent que vous m'aimez.

Dites-moi que je suis attirant et que vous aimez être vu en ma compagnie.

RELATIONS

Les Deux, sous leur meilleur jour, sont attentifs, capables d'apprécier, généreux, chaleureux et gais ; ils donnent à l'autre ce dont il a besoin. Ils font en sorte que leur partenaire ait l'impression d'être quelqu'un de spécial et se sente aimé.

Les Deux, sous leur plus mauvais jour, aiment contrôler, sont possessifs, exigeants et dissimulateurs. Comme ils ont du mal à faire des demandes directes, ils ont tendance à manipuler pour obtenir ce qu'ils veulent.

CE QUE J'APPRÉCIE DANS LE FAIT D'ÊTRE UN "DEUX"

J'ai le contact facile et me fais vite des amis.

Je connais les besoins des gens et sais leur rendre la vie plus agréable.

Je suis généreux, attentionné et chaleureux.

Je suis sensible aux sentiments des gens et les perçois bien.

Je suis enthousiaste, j'aime m'amuser et j'ai le sens de l'humour.

CE QUI EST DUR DANS LE FAIT D'ÈTRE UN "DEUX"

Je suis incapable de dire non.

J'ai une mauvaise opinion de moi-même.

Je suis fatigué de trop faire pour les autres.

Je ne fais pas ce que j'aimerais vraiment faire pour moi, par peur d'être égoïste.

Je me reproche de ne pas être aussi aimant que je le souhaiterais.

Je suis révolté de voir que les gens ne cherchent pas autant à me comprendre que ce que je cherche à les comprendre.

Je fais mon possible pour être plein de tact et de prévenance, si bien que je finis par refouler mes véritables sentiments.

LES RÉFLEXIONS TYPIQUES D'UN "DEUX"

LES "DEUX" ENFANTS, SOUVENT

Sont hypersensibles à la désapprobation et aux critiques.

Font tout ce qu'ils peuvent pour plaire à leurs parents en les aidant et en se montrant compréhensifs.

Sont complaisants vis-à-vis de l'extérieur.

Sont populaires ou s'efforcent d'être populaires auprès des autres enfants.

Se montrent timides, précoces ou dramatiques pour attirer l'attention.

Sont clowns et farceurs (Deux les plus extravertis) ou bien silencieux et timides (Deux les plus intravertis).

LES "DEUX" PARENTS

Sont à l'écoute de leurs enfants, les aiment inconditionnellement, se montrent chaleureux et encourageants (ou se sentent coupables dans le cas contraire).

Jouent souvent avec eux.

Se demandent : "est-ce que je fais bien ?" "est-ce que je donne assez ?" "ai-je causé des dommages irréparables ?".

Deviennent parfois terriblement protecteurs.

PROFESSION

Généralement, les Deux préfèrent travailler en contact avec les gens, souvent dans les professions d'aide, en tant que conseillers, enseignants et professionnels de la santé. On trouve parfois les Deux extravertis sous les projecteurs, comme actrices, acteurs ou orateurs convaincants. Les Deux travaillent également dans le commerce et aident les autres en tant que réceptionnistes, secrétaires, assistants, décorateurs et consultants de mode.

ET LES LOISIRS

Les Deux aiment fréquenter la famille ou les amis, s'occuper d'enfants, rendre leur maison chaleureuse, recevoir, jardiner, lire, travailler pour des associations caritatives, faire des expériences nouvelles dans le monde extérieur et explorer leur monde intérieur.

COMMENTAIRES SUR LES "DEUX"

"Elle est très aimée parce qu'elle donne généreusement d'elle-même. Lorsqu'un de nos amis a eu un cancer, elle a été le principal soutien de la famille tout en se débrouillant pour continuer à s'occuper de sa carrière."

"Mes amis Deux sont très agréables à fréquenter. Ils ont le cœur léger et enjoué, tout en ayant une profondeur et une sagesse formidables. J'aimerais pouvoir exprimer mes sentiments aussi bien qu'eux."

"C'est un père merveilleux. Il comble ses enfants d'attention, de générosité et d'amour."

"Quand j'ai un problème, j'appelle mon amie Deux. Elle fait toujours preuve de sensibilité et de sympathie, et ne juge jamais."

AILES

Votre personnalité peut se fondre dans les types qui se trouvent de chaque côté du vôtre ou être influencée par eux. Elle est parfois nettement modifiée par une aile forte.

Les Deux avec une aile Un développée tendent à être plus idéalistes, objectifs, critiques envers eux-mêmes et envers autrui.

Les Deux avec une aile Neuf développée tendent à avoir plus d'assurance, à être plus ambitieux, sociables, et à avoir l'esprit de compétition.

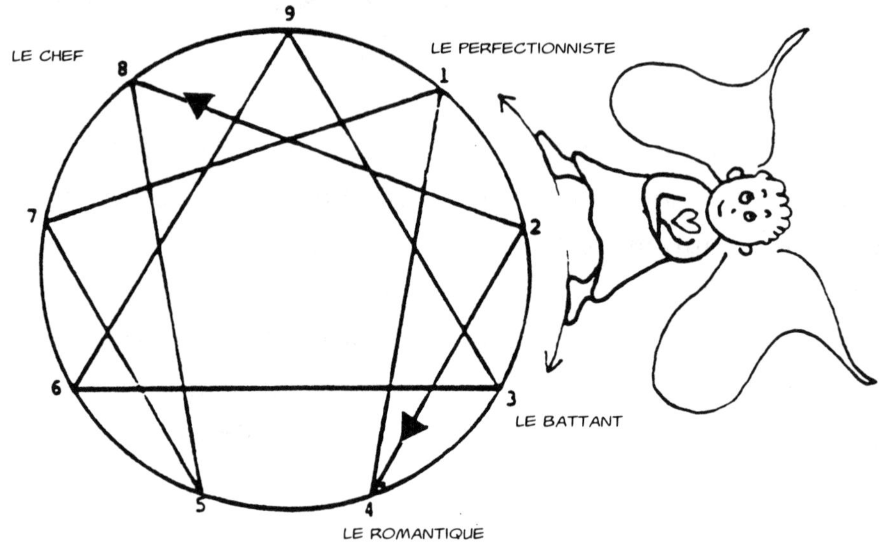

DÉPLACEMENTS DANS L'ENNÉAGRAMME

Suivant les lignes du diagramme, les Deux vont vers le Quatre dans une direction et vers le Huit dans l'autre. Ils vont vers le côté positif du Quatre lorsqu'ils se sentent en sécurité ; ils peuvent également cultiver consciemment ces qualités positives. Ils vont vers le côté négatif du Huit lorsqu'ils sont stressés ; mais ils peuvent s'efforcer consciemment d'éviter ces traits négatifs. Lisez le chapitre sur les types Quatre et Huit afin d'en apprendre davantage sur eux.

Quand les Deux vont vers le côté positif du Quatre, ils :

Admettent et acceptent leurs sentiments douloureux, y compris la colère, la tristesse et la solitude.

S'expriment de manière plus créative et plus artistique ; explorent leur monde intérieur.

Expriment davantage leurs propres besoins ; deviennent capables de dire non.

Trouvent, pour se valoriser, d'autres sources que l'aide qu'ils peuvent apporter.

Apprennent à rester seuls et deviennent plus contemplatifs.

Quand les Deux vont vers le côté négatif du Quatre, ils :

Se comparent aux autres, se plaignent et deviennent envieux.

Sont plus égocentriques, se mettent à l'écart et dépriment.

Quand les Deux vont vers le côté négatif du Huit, ils :

Cessent d'être gentils et aimants ; deviennent irritables et agressifs.

S'endurcissent, perdent confiance et s'isolent.

Condamnent et se montrent exigeants.

Se mettent à contrôler, essaient de prendre en charge tout et tous.

Quand les Deux vont le côté positif du Huit, ils :

Ont davantage confiance en eux et se sentent puissants.

Deviennent plus honnêtes et plus francs.

Se soucient moins de l'opinion d'autrui.

SUGGESTIONS PRATIQUES ET EXERCICES POUR UN "DEUX"

1. Estime de soi

Engagez-vous dans des activités qui vous donnent du plaisir et des satisfactions sans impliquer obligatoirement la compagnie d'autres personnes.

Faites des exercices, méditez et marchez seul pour vous concentrer sur vous-même.

Maternez votre enfant intérieur en vous parlant à vous-même avec attention et amour, comme vous le feriez pour un enfant réel. Mais restez dans le rôle de parent.

Accordez-vous un peu de l'attention et de la tendresse que vous donnez habituellement à autrui.

Allez voir régulièrement un conseiller pour apprendre à parler de vos problèmes à vous.

Appréciez l'amour que vous avez au lieu de vous concentrer sur ce qui vous manque.

2. Affirmation de soi

Mettez des limites. Dites : "non, ce n'est pas le moment de parler" ou "non, je ne pourrai pas t'aider", quand vous sentez que la demande ou l'exigence d'autrui risque d'être trop stressante pour vous.

Entrez en contact avec votre colère. Parfois, les Deux se sentent submergés et pleurent au lieu de s'occuper directement de ce qui les a mis en colère.

Notez vos ressentiments au jour le jour afin d'en prendre conscience.

Si vous avez l'impression qu'on vous a traité injustement ou qu'on a profité de vous, dites-le immédiatement, de la manière la plus posée possible.

3. Relations

Efforcez-vous d'être vous-même plutôt que la personne que les autres veulent que vous soyez.

Retenez-vous d'offrir automatiquement votre aide et vos conseils ; attendez qu'on vous les demande.

Prenez plaisir à donner par petites touches, sans trop en faire. Acceptez aimablement ce qu'on vous donne.

Pour les parents

Aidez vos enfants à devenir indépendants.

Cessez de vous faire du souci pour eux lorsqu'ils sont adultes. Développez vos propres centres d'intérêt, ce qui vous aidera à vous détacher d'eux.

Méfiez-vous de votre tendance à instiller des sentiments de culpabilité chez vos enfants.

4. Codépendance

Ne vous précipitez pas dans une nouvelle relation. Renseignez-vous. Soyez objectif.

Evitez les personnes exigeantes ou indisponibles. N'acceptez que des amis et des partenaires qui soient à égalité avec vous.

Ne cherchez pas à sauver les gens. Laissez-leur la responsabilité de leur comportement.

Soyez conscient que votre envie de rapports sexuels peut camoufler votre besoin d'attention et d'approbation.

Retenez-vous de vous lancer dans une nouvelle relation dès qu'une autre se termine. Prenez le temps de comprendre pourquoi la première a échoué, apprenez à vous connaître et trouvez d'autres centres d'intérêt.

5. Travail

Etablissez des limites de façon à ne pas en faire plus que votre part.

LE PIRE TRAVAIL POUR UN "DEUX"

Développez l'affirmation et l'objectivité.

Trouvez un travail qui corresponde à votre personnalité, à vos intérêts et à votre expérience.

CE QU'UN "DEUX" NE RÊVERAIT JAMAIS DE FAIRE

Refuser de sourire pendant un mois.

Accepter tous les compliments avec un simple "merci", sans les minimiser, les rejeter ou expliquer pourquoi ils n'étaient pas mérités.

Ne pas vouloir ramener chez lui un adorable chaton qu'il vient de trouver.

Ne pas vouloir rendre au centuple à ses amis les faveurs que ceux-ci lui ont accordées.

Ne pas repenser à l'affront d'un collègue.

Dire à un ami qu'il ne peut pas l'emmener à l'aéroport sans lui donner la moindre excuse.

Dire un simple "au revoir" sans ajouter "bonne chance", "porte-toi bien" ou "bonne journée".

FAIRE SEMBLANT DE NE PAS CONNAITRE LA SOLUTION AUX PROBLÈMES DE TOUT LE MONDE

CHOSES POSITIVES A VOUS DIRE

Je suis aussi important que quiconque.

Il est aussi important pour moi de recevoir de l'amour et de l'aide que d'en donner.

Je clame haut et fort ce que je veux.

Je n'ai pas besoin de donner pour être aimé.

Il est important pour moi de passer de bons moments tout seul.

LE BATTANT

LE BATTANT

Le travail est plus amusant que l'amusement.
Noël Coward

Les Trois sont motivés par le besoin d'être productifs, de réussir et d'éviter l'échec.

Les Trois, du meilleur côté, sont : optimistes, confiants, industrieux, efficaces, autonomes, énergiques, pratiques.

Les Trois, du plus mauvais côté, sont : faux, narcissiques, prétentieux, vaniteux, superficiels, vindicatifs, exagérément attirés par la compétition.

INVENTAIRE DE PERSONNALITÉ

Cochez les phrases que vous auriez pu prononcer quand vous aviez moins de vingt-cinq ans (ou que vous prononcez maintenant si vous avez cet âge).

- ❒ 1 Je suis presque toujours occupé.
- ❒ 2 J'aime les listes de choses à faire, les courbes de progression et les emplois du temps.
- ❒ 3 J'accepte volontiers de faire un travail supplémentaire si on me le demande.
- ❒ 4 Je suis optimiste.
- ❒ 5 Je fonce jusqu'à ce que le travail soit terminé.
- ❒ 6 Je crois qu'il faut faire les choses le plus rapidement possible.
- ❒ 7 Il est important pour les gens de s'améliorer et d'utiliser tout leur potentiel.
- ❒ 8 Je n'aime pas beaucoup parler de ma vie privée.
- ❒ 9 Je ne laisse pas la maladie m'empêcher de faire quoi que ce soit.
- ❒ 10 Je déteste voir un travail inachevé.
- ❒ 11 J'ai tendance à faire passer le travail avant tout le reste.
- ❒ 12 Je ne comprends pas les gens qui s'ennuient. Je n'arrive jamais à terminer tout ce que j'ai à faire.
- ❒ 13 J'ai parfois du mal à entrer en contact avec mes sentiments.
- ❒ 14 Je travaille dur pour m'occuper de ma famille et subvenir à ses besoins.

- ❒ 15 J'aime m'identifier à des groupes compétents ou à des gens importants.
- ❒ 16 Je m'efforce d'avoir une bonne présentation et de faire en sorte que la première impression que je donne soit bonne.
- ❒ 17 La sécurité financière est très importante pour moi.
- ❒ 18 En général, je suis content de moi.
- ❒ 19 Les gens font souvent appel à moi pour diriger.
- ❒ 20 J'aime me distinguer d'une manière ou d'une autre.

COMMENT S'ENTENDRE AVEC MOI

Laissez-moi seul quand je travaille.

Commentez honnêtement ce que je fais, mais sans critiques superflues.

Aidez-moi à maintenir l'harmonie et la paix autour de moi.

Ne m'envahissez pas avec vos émotions négatives.

Dites-moi que vous appréciez ma compagnie.

Dites-moi quand vous êtes fier de moi ou de ce que je fais.

RELATIONS

Les Trois, sous leur meilleur jour, estiment et acceptent leur partenaire. Ils sont gais, généreux, responsables et bien considérés par les autres membres de la communauté.

Les Trois, sous leur plus mauvais jour, sont absorbés par leur travail et leurs projets. Ils sont égocentriques, sur la défensive, impatients, malhonnêtes et enclins à contrôler.

CE QUE J'APPRECIE DANS LE FAIT D'ÊTRE UN "TROIS"

Je suis optimiste, amical et dynamique.

Je fais tout ce qu'il faut pour pourvoir aux besoins de ma famille.

Je suis capable de me relever rapidement après un revers de fortune et de foncer vers le défi suivant.

Je suis toujours bien informé et au courant de ce qui se passe.

Je suis compétent et capable de bien faire tourner les choses.

Je sais motiver les gens.

CE QUI EST DUR DANS LE FAIT D'ÊTRE UN "TROIS"

Je supporte mal l'inefficacité et l'incompétence

J'ai peur de ne pas réussir – ou de ne pas donner l'impression de réussir

Je me compare aux gens qui font les choses mieux que moi

Je me bats pour m'accrocher à la réussite

Je me crée une façade pour impressionner les gens

Je suis toujours "sur la brèche". C'est épuisant.

IL YA DES GENS
QUI NE ME COMPRENNENT VRAIMENT PAS.

LES RÉFLEXIONS TYPIQUES D'UN "TROIS"

LES "TROIS" ENFANTS, SOUVENT

Travaillent dur afin d'être complimentés pour ce qu'ils ont fait.

Sont appréciés des autres enfants et des adultes.

Font partie des enfants les plus capables et les plus responsables de leur classe ou de leur école.

Ont des activités au sein de l'école et dans des clubs, ou bien s'occupent tranquillement de leurs projets.

LES "TROIS" PARENTS

Sont cohérents, dignes de confiance et loyaux.

Sont pris entre leur désir de passer du temps avec leurs enfants et celui de travailler davantage.

Attendent de leurs enfants sens des responsabilités et organisation.

PROFESSION

Les Trois sont travailleurs, se tiennent à leurs objectifs et sont décidés. Ils occupent souvent des postes de responsables ou de directeurs dans les affaires, les lois, la banque, l'informatique et la politique. Il est fréquent également de les trouver livrés aux regards, en tant que présentateurs ou

acteurs. Les Trois les plus tournés vers l'aide tendent à se diriger vers l'enseignement, le service social ou la santé. Ce sont des chefs de famille qui mettent énormément d'énergie à assumer leurs responsabilités.

ET LES LOISIRS (S'ILS EN ONT)

De nombreux Trois aiment avoir des contacts sociaux ou travailler bénévolement pour des œuvres caritatives et des campagnes politiques. Certains préfèrent consacrer leur temps libre à leurs hobbies et à leurs projets. La plupart aiment faire de l'exercice et entretenir leur forme.

COMMENTAIRES SUR LES "TROIS"

"De toute mon entreprise, c'est elle qui écrit les rapports les plus clairs et les plus concis ; avec ses habitudes de travail, son enthousiasme et son dynamisme, elle a sur nous un effet dynamisant."

"Il est charmant et sait faire en sorte que chacun ait l'impression d'être quelqu'un de particulier et d'important."

"Mon ami a de l'assurance et de la confiance en lui ; il est très dynamique et fait plus de choses en une seule journée que la plupart des gens en une semaine."

"C'est, de toutes les personnes que je connais, celle qui a la plus grande capacité de concentration et la plus grande détermination. Elle a tellement apporté à notre commu-nauté que j'espère la voir se présenter comme présidente."

AILES

Votre personnalité peut se fondre dans les types qui se trouvent de chaque côté du vôtre ou être influencée par eux. Elle est parfois nettement modifiée par une aile forte.

Les Trois avec une aile Deux développée tendent à être plus chaleureux, plus encourageants, sociables, populaires et séducteurs.

Les Trois avec une aile Quatre développée tendent à être introvertis, sensibles, artistes, imaginatifs et prétentieux.

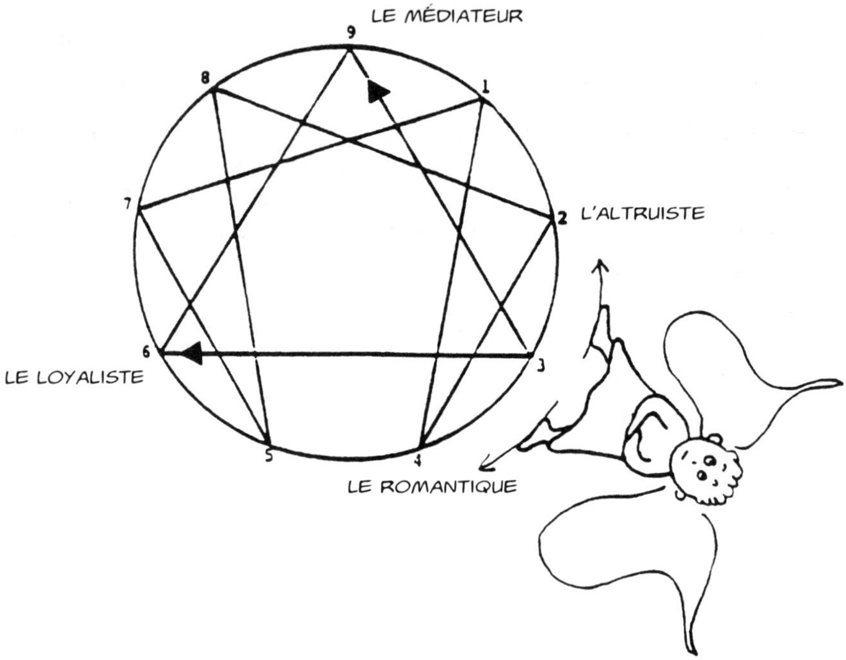

DÉPLACEMENTS DANS L'ENNEAGRAMME

Suivant les lignes du diagramme, les Trois vont vers le Six dans une direction et vers le Neuf dans l'autre. Ils vont vers le côté positif du Six lorsqu'ils se sentent en sécurité ; ils peuvent également cultiver consciemment ces qualités positives. Ils vont vers le côté négatif du Neuf lorsqu'ils sont stressés ; mais ils peuvent s'efforcer consciemment d'éviter ces traits négatifs. Lisez le chapitre sur les types Six et Neuf afin d'en apprendre davantage sur eux.

Quand les Trois vont vers le côté positif du Six, ils :

Passent plus de temps avec la famille et les amis et s'engagent davantage vis-à-vis d'eux.

Privilégient le bien du groupe.

Sont davantage en contact avec leurs sentiments.

Deviennent plus vulnérables.

Quand les Trois vont vers le côté négatif du Six, ils :

Sont dépendants et ont peur d'être rejetés.

Deviennent anxieux et nerveux.

Ont des difficultés à prendre des décisions.

Quand les Trois vont vers le côté négatif du Neuf, ils :

Remettent au lendemain et font preuve d'indécision.

Deviennent apathiques.

Se négligent et parfois s'étourdissent avec du travail supplémentaire, des drogues, de la nourriture, de l'alcool ou des excès de sommeil.

Tournent en rond dans leur travail ou deviennent moins productifs.

Punissent par de l'agressivité passive les gens qui leur font remarquer leurs faiblesses.

Quand les Trois vont le côté positif du Neuf, ils :

Talentissent, se détendent et se sentent davantage en paix.

Deviennent plus réceptifs.

Ont une vision plus large de la vie.

SUGGESTIONS PRATIQUES ET EXERCICES POUR UN "TROIS"

1. Relaxez-vous et donnez-vous ce dont vous avez besoin

Le plus dur travail est de fainéanter.
Proverbre juif

Puisque le stress lié à un excès de travail peut conduire à des problèmes physiques et émotionnels, prévoyez chaque jour un temps de repos et pratiquez la méditation ou les techniques de réduction du stress : massages et sauna.

Prenez le temps de pratiquer des activités que vous appréciez en-dehors du travail.

Réduisez le stress en appréciant et acceptant votre niveau actuel de réussite.

Essayez de devenir plus conscient de vos vrais désirs et de vos véritables préférences.

Partez en vacances en laissant tout votre travail à la maison.

PRENEZ LE TEMPS DE SENTIR LE PARFUM DES FLEURS

2. Travail

Prenez conscience que les autres ne sont pas aussi efficaces que vous. De nombreuses personnes n'ont ni votre énergie, ni vos capacités de concentration.

Soyez attentif à l'impact négatif que votre course en avant peut avoir sur les autres. Veillez à avoir un autre travail à faire en attendant.

Faites des efforts particuliers pour montrer que vous appréciez et reconnaissez ce que font les autres.

Faites attention à ne pas être trop hâtif dans vos décisions ; prenez le temps de considérer la question sous tous ses angles, y compris le facteur humain.

Cherchez un travail qui satisfasse votre moi intérieur. Les Trois choisissent parfois des carrières qui ne satisfont pas leurs besoins les plus profonds.

3. Relations

Lorsque vous faites votre emploi du temps pour la semaine, prévoyez un moment à passer avec votre famille ou vos amis.

Quand une personne que vous aimez vient vous exposer un problème, écoutez-la sans lui donner de conseil à moins qu'elle ne vous en demande. Elle recherche peut-être simplement une oreille compatissante.

Pensez à dire à votre partenaire que vous l'appréciez. Un Trois a tendance à penser qu'il est l'élément le plus important du couple parce que c'est lui qui en fait le plus.

Faites du travail bénévole, dans lequel vous pouvez donner pour le simple plaisir de donner.

Cherchez le grain de vérité qui se cache dans les critiques des autres à votre égard.

Efforcez-vous de vous tenir à ce que vous êtes réellement. Un Trois tente quelquefois de se mettre les gens dans la poche en changeant de couleur comme un caméléon, ce qui lui retombe dessus quand la relation s'approfondit.

Notez vos traits de caractère indésirables, tels que : "je ne fais pas attention à ma partenaire quand elle a besoin de parler, mais je tiens à ce qu'elle m'accorde toute son attention quand c'est moi qui parle."

Pour les parents

Soyez conscients du niveau élevé de vos attentes. Une pression excessive sur vos enfants risque de leur créer des problèmes émotionnels.

4. Sentiments

Prenez conscience de la différence entre vos sentiments véritables et ceux que vous "affichez" parce qu'ils vous semblent correspondre à la situation.

Notez votre habitude de vous précipiter dans l'activité quand l'angoisse commence à monter.

Autorisez-vous à être vulnérable : exprimez votre chagrin et votre déception.

CE QU'UN "TROIS" NE RÊVERAIT JAMAIS DE FAIRE

Ne pas faire la liste de ses objectifs pour la semaine.

Ne pas parler, à sa réunion universitaire, de tout ce qu'il a fait.

Se retenir d'appliquer sa "technique des yeux doux" à la personne qui l'intéresse.

Ne pas reprendre une réunion en main lorsqu'elle est mal dirigée ou qu'elle n'aboutit à rien.

Voir un travail à faire et ne pas le signaler par une note.

Consacrer une semaine à une retraite de méditation silencieuse.

L'ENFER DU "TROIS"

CHOSES POSITIVES A VOUS DIRE

Mes sentiments sont au moins aussi valables que mes réalisations.

Le travail le plus profitable que je puisse faire est de prendre le temps de me détendre et d'évoluer.

Je mesure ma valeur selon mes propres critères.

JE SUIS AIMÉE POUR CE QUE JE SUIS, NON POUR CE QUE JE FAIS.

LE ROMANTIQUE

LE ROMANTIQUE

Je peux résister à tout
sauf à une succession de jours ordinaires.
Goethe

Les Quatre sont motivés par le besoin de vivre à fond tous leurs sentiments, d'être compris, de chercher le sens de la vie et d'éviter d'être ordinaires.

Les Quatre, du meilleur côté, sont chaleureux, compatissants, introvertis, créatifs, intuitifs, prêts à offrir leur soutien, raffinés.

Les Quatre, du plus mauvais côté, sont dépressifs, affectés, bourrelés de remords, moralisateurs, renfermés, entêtés, égocentriques.

INVENTAIRE DE PERSONNALITÉ

Cochez les phrases que vous auriez pu prononcer quand vous aviez moins de vingt-cinq ans (ou que vous prononcez maintenant si vous avez cet âge).

- ❒ 1 Il est très important pour moi d'être compris.
- ❒ 2 Mes amis disent qu'ils apprécient ma chaleur et ma manière originale de voir la vie.
- ❒ 3 Quand je déprime, il m'arrive de "tomber en panne" pour des heures, des jours ou des semaines.
- ❒ 4 Je suis hypersensible aux critiques et blessé par le moindre manque d'égards.
- ❒ 5 Je suis très touché quand je lis des récits bouleversants dans le journal.
- ❒ 6 Mes idéaux sont très importants pour moi.
- ❒ 7 Je pleure facilement. La beauté, l'amour, le chagrin et la souffrance me touchent beaucoup.
- ❒ 8 Ma mélancolie est réelle et très importante. Je n'ai pas toujours envie d'en sortir.
- ❒ 9 J'ai souvent envie de ce qu'ont les autres.
- ❒ 10 Je m'efforce de soutenir mes amis, surtout lorsqu'ils traversent une crise.
- ❒ 11 Je vis dans le passé et l'avenir, plus que dans la réalité d'aujourd'hui.
- ❒ 12 J'accorde une grande importance à mon intuition.
- ❒ 13 J'essaie parfois de contrôler les gens.
- ❒ 14 Je déteste le manque de sincérité et d'intégrité chez les autres.

- ❒ 15 J'ai passé des années à rêver du grand amour de ma vie.
- ❒ 16 Je me focalise davantage sur ce qui ne va pas chez moi que sur ce qui va bien.
- ❒ 17 J'aime être considéré comme un original.
- ❒ 18 Je suis toujours à la recherche de mon véritable moi.
- ❒ 19 Parfois, je suis très mal à l'aise et me sens différent ; j'ai l'impression d'être un étranger, même quand je suis avec mes amis.
- ❒ 20 Quand les gens me disent ce qu'il faut faire, je me révolte souvent et fais, ou aurais envie de faire, le contraire.

COMMENT S'ENTENDRE AVEC MOI

Donnez-moi un maximum de compliments. Ils ont beaucoup d'importance pour moi.

Que vous soyez mon ami ou mon partenaire, soutenez-moi. Aidez-moi à apprendre à m'aimer et à m'estimer.

Respectez-moi pour mes dons, intuition et vision.

Même si je n'aime pas toujours être consolé quand je suis mélancolique, j'ai parfois envie que quelqu'un me remonte un peu le moral.

Ne me dites pas que je suis trop sensible ou que mes réactions sont exagérées.

RELATIONS

Les Quatre, sous leur meilleur jour, sont capables d'empathie et de soutien ; ils sont doux, gais, passionnés et aiment plaisanter. Ils s'ouvrent et se lient facilement.

Les Quatre, sous leur plus mauvais jour, sont égocentriques, jaloux, exigeants sur le plan émotionnel, lunatiques, revendicatifs et extrêmement critiques. Ils se sentent blessés et rejetés pour un rien.

CE QUE J'APPRÉCIE DANS LE FAIT D'ÊTRE UN "QUATRE"

Je trouve un sens à la vie et mes sentiments sont profonds.
J'établis des liens chaleureux avec les gens.
J'admire ce qui est noble, vrai et beau.
Je suis créatif, intuitif et j'ai le sens de l'humour.
Je suis unique et considéré comme tel.
Je suis sensible à l'esthétique.
Je perçois bien les sentiments des gens qui m'entourent.

JE SUIS
UN SOUTIEN POUR MES AMIS

CE QUI EST DUR DANS LE FAIT D'ÊTRE UN "QUATRE"

Je passe par des moments de dépression, avec une impression de vide et de désespoir.

Je me déteste et j'ai honte de moi ; j'ai l'impression que je ne mérite pas d'être aimé.

Je me culpabilise quand je déçois les gens.

Je me sens blessé ou attaqué quand quelqu'un me comprend mal.

J'attends trop de moi et de la vie.

J'ai peur d'être abandonné.

Je suis obsédé par mes ressentiments.

Je rêve d'avoir ce que je n'ai pas.

LES RÉFLEXIONS TYPIQUES D'UN "QUATRE"

LES ENFANTS "QUATRE", SOUVENT

Ont une imagination active : jouent de manière créative ou inventent des jeux originaux pour leurs camarades.

Sont très sensibles.

Ont l'impression de ne pas être à leur place.

Croient qu'il leur manque quelque chose que les autres ont.

S'attachent à des enseignants, des héros, des artistes, etc., qu'ils idéalisent.

Deviennent anti-autoritaristes ou se révoltent lorsqu'ils sont critiqués ou mal compris.

Se sentent seuls et abandonnés (parfois suite à la mort ou au divorce de leurs parents).

LES "QUATRE" PARENTS

Aident leurs enfants à devenir ce qu'ils sont réellement.

Soutiennent leur créativité et leur originalité.

Savent les aider à entrer en contact avec leurs sentiments.

Se montrent parfois trop critiques ou trop protecteurs.

Sont généralement très bien avec les enfants s'ils ne sont pas trop égocentriques.

PROFESSION

Les Quatre peuvent inspirer, influencer et persuader grâce aux arts (musique, beaux-arts, danse), ainsi que par la parole écrite ou parlée (poésie, nouvelles, journalisme, enseignement). Beaucoup aiment, en tant que psychologues ou conseillers, aider à faire ressortir ce qu'il y a de meilleur chez les gens. Certains tirent fierté des petites entreprises qu'ils possèdent. Souvent, ils acceptent un emploi banal pour pouvoir se consacrer à la création.

ET LES LOISIRS

Les Quatre aiment passer du temps avec leur partenaire et leurs enfants, et cultiver les relations avec des amis proches. Ils apprécient la nature, s'intéressent à la spiritu-

alité, assistent aux manifestations musicales, artistiques et littéraires. Beaucoup aiment flâner dans les librairies, faire les magasins et rechercher des vêtements intéressants ou des trésors originaux. Ils sont souvent très créatifs. Certains font partie de mouvements pacifistes ou politiques.

COMMENTAIRES SUR LES "QUATRE"

"C'est quelqu'un de très profond. Je l'estime parce qu'il est, de tous mes amis, le plus amusant, le plus fin et le plus stimulant intellectuellement."

"Les Quatre que je connais possèdent un intéressant mélange de qualités : intensité, profondeur, spiritualité et révolte."

"Il est à la tête d'une affaire florissante grâce à sa persévérance, sa détermination et son originalité."

"Elle a monté sa propre garderie, d'un style tout à fait nouveau. Elle s'efforce de donner aux enfants un environnement sain et créatif."

"C'est une personnalité à part. En général, on la trouve en train d'inventer de nouvelles recettes, de faire flotter des gardenias dans la baignoire ou de donner de folles soirées."

On devrait soit être une œuvre d'art, soit porter une œuvre d'art.
Oscar Wilde

AILES

Votre personnalité peut se fondre dans les types qui se trouvent de chaque côté du vôtre ou être influencée par eux. Elle est parfois nettement modifiée par une aile forte.

Les Quatre avec une aile Trois développée tendent à être plus extravertis, dynamiques, ambitieux, brillants et conscients de leur image.

Les Quatre avec une aile Cinq développée tendent à être plus introvertis, intellectuels, personnels, réservés et dépressifs.

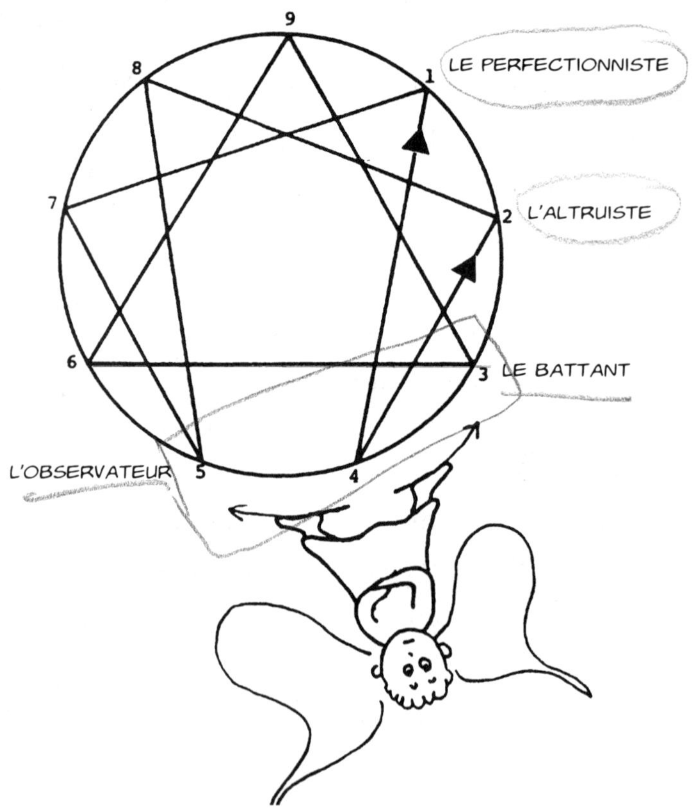

DÉPLACEMENTS DANS L'ENNÉAGRAMME

Suivant les lignes du diagramme, les Quatre vont vers le Un dans une direction et vers le Deux dans l'autre. Ils vont vers le côté positif du Un lorsqu'ils se sentent en sécurité ; ils peuvent également cultiver consciemment ces qualités positives. Ils vont vers le côté négatif du Deux lorsqu'ils sont stressés ; mais ils peuvent s'efforcer consciemment d'éviter ces traits négatifs. Lisez le chapitre sur les types Un et Deux afin d'en apprendre davantage sur eux.

Quand les Quatre vont vers le côté positif du Un, ils :

Font davantage preuve d'auto-discipline et vivent plus dans l'ici et maintenant.

Résolvent mieux les problèmes et deviennent plus pratiques

Tendent à insister davantage sur le positif et moins sur le négatif.

Agissent selon leurs idéaux et leurs principes.

Sont moins menés par leurs sentiments.

Quand les Quatre vont vers le côté négatif du Un, ils :

Se montrent critiques, jugent et se mettent en colère de voir que personne ne fait bien les choses.

Moralisent et prêchent.

Se culpabilisent de ne pas vivre d'une manière correspondant à leurs attentes.

Quand les Quatre vont vers le côté négatif du Deux, ils :

Essaient de manipuler les autres pour se faire aimer d'eux,

en s'imaginant à tort que l'amour de quelqu'un comblera leur vide et leur solitude.

Nient et répriment leurs propres besoins.

Deviennent exagérément dépendants.

Tombent parfois malades pour obtenir de l'attention et se singulariser.

Quand les Quatre vont le côté positif du Deux, ils :

Se lient avec les gens d'une manière intelligente.

Sont moins égocentriques.

Satisfont les désirs d'autrui avec un sain détachement.

SUGGESTIONS PRATIQUES ET EXERCICES POUR UN "QUATRE"

1. Estime de soi

Soyez fier de vos dons et de vos talents, ainsi que de ce que vous avez fait de particulier.

Faites en sorte de combler les besoins qui ne l'ont pas été dans votre enfance. Traitez-vous avec amour et compassion.

Faites des efforts pour parvenir à une certaine autodiscipline.

Reconnaissez qu'il vaut la peine de vivre dans le présent.

Faites en sorte que les tâches et les responsabilités quotidiennes soient créatives et ludiques.

Lancez-vous dans un travail créatif qui exprimera ce qu'il y a de meilleur en vous. Essayez d'en faire la source de vos revenus.

DÉVELOPPEZ LES RELATIONS AVEC LES GENS QUI ONT BEAUCOUP DE CHOSES EN COMMUN AVEC VOUS.

S'il ne vous est pas possible de vivre de votre créativité, trouvez du temps pour permettre à vos idées de germer durant vos heures de loisir.

Notez les qualités que vous admirez ou enviez chez les autres et développez-les en vous-même.

2. Relations

Syez direct et précis quand vous expliquez ce que vous voulez et ce que vous ne voulez pas.

Veillez à ne pas amplifier les paroles d'autrui. Si vous vous sentez offensé, cherchez à vérifier le sens de ce qui a été dit.

Créez-vous un puissant réseau d'amis capables de vous

ESSAYEZ DE VOUS RÉJOUIR DU BONHEUR DE VOS AMIS

soutenir, plutôt que de laisser à un seul la charge de satisfaire tous vos besoins émotionnels.

Occupez-vous rapidement de vos problèmes relationnels au lieu de vous en retirer. Efforcez-vous d'être objectif et de ne pas écraser les gens avec vos émotions.

VEILLEZ A NE PAS PRENDRE UNE ATTITUDE DU GENRE "L'HERBE EST TOUJOURS PLUS VERTE CHEZ LE VOISIN"

3. Sentiments et émotions

Notez vos sentiments dans les termes les plus forts possible et faites-en une lettre que vous n'enverrez pas. Quand vous avez du mal à contrôler une réaction émotionnelle :

1. prenez une attitude détachée d'observateur
2. visualisez-vous en train de calmer progressivement le jeu
3. restez calme malgré votre blessure. Rappelez-vous : ça va passer.

CANALISEZ VOS SENTIMENTS DANS DES ACTIVITÉS CRÉATRICES

Cette technique vous aidera à ne pas être totalement mené par vos sentiments.

Les Quatre amplifient souvent ces derniers d'une manière disproportionnée. Voyez si vous êtes plus attaché à l'intensité du sentiment qu'au sentiment lui-même.

4. Evitez la dépression

Tout en restant raisonnable, affrontez les gens qui vous contrarient pour éviter que votre colère ne se tourne vers l'intérieur.

Prenez de bonnes habitudes de sommeil, d'exercice, d'alimentation et de travail.

Autorisez-vous à faire le deuil de vos plus grandes pertes. Demandez l'aide d'un professionnel si nécessaire.

Sortez de chez vous. Restez en mouvement.

Travaillez sur votre lien avec les autres.

Restez en contact étroit avec votre famille et vos amis.

Essayez d'exprimer votre dépression de manière créative : par la poésie, la musique, la danse ou l'art.

Focalisez-vous sur les aspects positifs de votre vie.

Faites la liste des choses pour lesquelles vous êtes reconnaissant. Ecrivez-la en grand et affichez-la sur le mur.

CE QU'UN "QUATRE" NE RÊVERAIT JAMAIS DE FAIRE

Peindre un paysage à la Monsieur-tout-le-monde et l'accrocher au-dessus du canapé du salon.

Aller au restaurant vêtu de synthétique et commander un sandwich avec un café instantané.

Ne penser, pendant un mois, qu'aux choses positives qui se sont produites dans sa vie.

Décider que le mauve, le champagne et l'indigo sont des couleurs stupides, et peindre sa maison en rose bonbon et jaune citron.

Décider que la recherche de son âme est un lieu commun et y renoncer.

Jeter sans la moindre passion les vieilles photos de ses premières amours.

CHOSES POSITIVES A VOUS DIRE

J'apprécie chaque journée, même si elle est imparfaite.

Je me détends et apprécie le présent.

Je suis chez moi dans mon corps, dans le monde et dans l'univers. Au cœur de ma vie, tout est bien.

Tel que je suis, je suis beau, capable et digne d'amour. Il n'y a rien à changer.

Je peux être aussi gentil avec moi-même qu'avec mon meilleur ami.

JE CHANGERAI LE MONDE
EN METTANT MES IDEAUX EN ACTION !

LA PAUSE-CAFÉ

L'OBSERVATEUR

L'OBSERVATEUR

On peut beaucoup observer rien qu'en regardant.
Yogi Berra

Les Cinq sont motivés par le besoin de tout savoir et comprendre, d'être autonomes et d'éviter de passer pour des idiots.

Les Cinq, du meilleur côté, sont : analytiques, persévérants, sensibles, sages, objectifs, capables d'une bonne perception, réservés.

Les Cinq, du plus mauvais côté, sont : intellectuellement arrogants, mesquins, entêtés, distants, critiques vis-à-vis d'autrui, enclins à manquer d'assurance, négatifs.

INVENTAIRE DE PERSONNALITÉ

Cochez les phrases que vous auriez pu prononcer quand vous aviez moins de vingt-cinq ans (ou que vous prononcez maintenant si vous avez cet âge).

- ❒ 1 J'apprends en observant ou en lisant plutôt qu'en agissant.
- ❒ 2 J'ai du mal à exprimer mes sentiments sur le moment.
- ❒ 3 Je me perds dans mes centres d'intérêt et aime être seul avec eux pendant des heures.
- ❒ 4 En général, je ressens mes sentiments plus profondément quand je suis seul.
- ❒ 5 Je me culpabilise parfois de ne pas être assez généreux.
- ❒ 6 Je m'efforce de dissimuler ma sensibilité vis-à-vis des critiques et des jugements.
- ❒ 7 Les personnes effrontées et bruyantes me choquent.
- ❒ 8 Je n'aime pas la conformité.
- ❒ 9 J'aime m'associer à des gens ayant de l'expérience dans mon domaine.
- ❒ 10 J'aime avoir un titre (docteur, professeur, administrateur) dont je puisse être fier.
- ❒ 11 On m'a accusé d'être négatif, cynique et méfiant.
- ❒ 12 Quand je me sens mal à l'aise socialement, j'ai souvent envie de disparaître.
- ❒ 13 Je répugne souvent à m'affirmer ou à me montrer agressif.
- ❒ 14 Je déteste la plupart des manifestations sociales. Je

préfère être seul ou avec quelques personne que j'aime.

- ❐ 15 Je suis parfois timide ou maladroit.
- ❐ 16 Rester trop longtemps avec d'autres me fatigue.
- ❐ 17 Je me sens différent de la plupart des gens.
- ❐ 18 J'ai l'impression d'être invisible. Je suis surpris quand quelqu'un remarque quelque chose à mon sujet.
- ❐ 19 Je ne compte pas sur les possessions matérielles pour me rendre heureux.
- ❐ 20 Agir calmement est un moyen de défense. J'ai ainsi l'impression d'être plus fort.

18/20

COMMENT S'ENTENDRE AVEC MOI

Soyez indépendants et non collants.

Parlez-moi de manière directe et brève.

Laissez-moi des moments de solitude pour que je puisse m'occuper de mes sentiments et de mes pensées.

Souvenez-vous que si j'ai l'air solitaire, distant ou arrogant, c'est peut-être que je suis mal à l'aise.

Faites-moi sentir que je suis le bienvenu, mais sans trop insister, sinon je douterais de votre sincérité.

Si je m'énerve quand je dois répéter les choses, c'est peut-être parce qu'à l'origine il m'a fallu faire de grands efforts pour m'exprimer.

Ne m'abordez pas à la manière d'un bulldozer.

Aidez-moi à éviter mes sujets d'irritation familiers : les grandes soirées, la musique bruyante des voisins, les émotions exagérées et les intrusions dans mon intimité.

RELATIONS

Les Cinq, sous leur meilleur jour, ont une bonne perception des choses et l'esprit ouvert ; ils sont gentils, autonomes et dignes de confiance.

Les Cinq, sous leur plus mauvais jour, sont querelleurs, méfiants, renfermés et négatifs. Ils restent sur leurs gardes de peur d'être submergés.

CE QUE J'APPRECIE DANS LE FAIT D'ÊTRE UN "CINQ"

J'ai du recul et une vision objective de la vie.

Je comprends les choses en profondeur ; je vois les causes et les effets.

J'ai le sens de l'intégrité : je fais ce que j'estime juste, sans me laisser influencer par la pression sociale.

Je ne suis prisonnier ni des possessions matérielles, ni du statut social.

Je reste calme au milieu d'une crise.

CE QUI EST DUR DANS LE FAIT D'ÊTRE UN "CINQ"

Je suis lent à accoucher de mes connaissances et de mes idées.

Je me sens mal quand je suis sur la défensive ou que je me comporte comme un je-sais-tout.

Je me sens obligé d'être avec des gens avec lesquels je n'ai pas envie d'être.

Je m'aperçois que les personnes socialement plus douées que moi, mais ayant moins d'intelligence ou de savoir-faire technique, réussissent mieux sur le plan professionnel.

J'ai des difficultés à exprimer succintement certaines de mes pensées.

LES RÉFLEXIONS TYPIQUES D'UN "CINQ"

LES "CINQ" ENFANTS, SOUVENT

Passent beaucoup de temps à lire, à faire des collections, etc..

Ont quelques bons amis plutôt que beaucoup.

Sont très brillants et curieux, et travaillent bien à l'école.

Ont un esprit indépendant ; posent souvent des questions à leurs parents et à leurs enseignants.

Regardent les événements avec détachement, en collectant les informations.

Prennent un visage impassible afin de ne pas montrer leur peur.

Sont sensibles ; évitent les conflits interpersonnels.

Ont l'impression d'être envahis et contrôlés, et/ou ignorés et négligés.

LES "CINQ" PARENTS

Sont souvent gentils, ont une bonne perception des choses et sont dévoués.

Sont parfois autoritaires et exigeants.

Exigent parfois des performances intellectuelles trop importantes pour l'âge de l'enfant.

Risquent d'être intolérants quand leurs enfants expriment des émotions fortes.

PROFESSION

Les Cinq sont souvent dans les sciences ou les techniques, ou dans un autre domaine exigeant sur le plan intellectuel. Ils ont de puissantes capacités analytiques et sont efficaces pour résoudre les problèmes. Ceux qui ont une aile Quatre bien développée sont susceptibles d'être conseillers, musiciens, artistes ou écrivains. En général, les Cinq aiment travailler seuls et sont des libres-penseurs.

LE PIRE TRAVAIL POUR UN "CINQ"

ET LES LOISIRS

Les Cinq aiment lire, explorer un domaine en profondeur, avoir des discussions stimulantes avec des amis, aller au concert, visiter des musées, assister à des conférences, jouer à des jeux comportant un défi intellectuel, travailler à leurs collections ou à leurs projets, et voyager pour étudier des cultures et des coutumes étrangères.

COMMENTAIRES SUR LES "CINQ"

"Elle aime être seule. Je suis émerveillée par le nombre d'heures qu'elle passe à lire, à jardiner, à jouer de la musique et à analyser le monde."

"Sa voix est douce, calme et apaisante. Il a une vision des choses très particulière : par exemple, il considère une insulte comme un événement intéressant !"

"Elle bouillonne d'informations et d'idées novatrices. J'aime aussi son sens de l'humour sec et original."

"J'ai toujours été impressionné par les contributions qu'apporte mon ami Cinq à n'importe quelle conversation sur n'importe quel sujet."

AILES

Votre personnalité peut se fondre dans les types qui se trouvent de chaque côté du vôtre ou être influencée par eux. Elle est parfois nettement modifiée par une aile forte.

Les Cinq avec une aile Quatre développée tendent à être plus créatifs, humanistes, sensibles, capables d'empathie et égocentriques.

Les Cinq avec une aile Six développée tendent à être plus loyaux, anxieux, sceptiques et prudents. Ils sont souvent plus intéressés par les sciences.

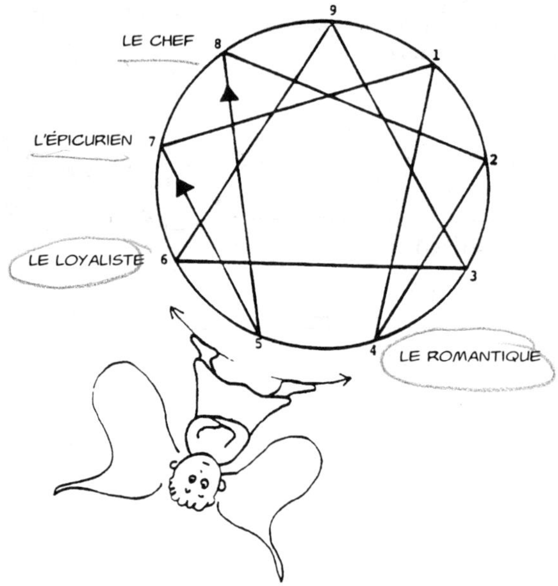

DÉPLACEMENTS DANS L'ENNÉAGRAMME

Suivant les lignes du diagramme, les Cinq vont vers le Huit dans une direction et vers le Sept dans l'autre. Ils vont vers le côté positif du Huit lorsqu'ils se sentent en sécurité ; ils peuvent également cultiver consciemment ces qualités positives. Ils vont vers le côté négatif du Sept lorsqu'ils sont stressés ; mais ils peuvent s'efforcer consciemment d'éviter ces traits négatifs. Lisez le chapitre sur les types Huit et Sept afin d'en apprendre davantage sur eux.

Quand les Cinq vont vers le côté positif du Huit, ils :

Entrent en contact avec leur corps, sa puissance et son énergie, en s'éloignant de la pensée pure pour aller vers l'action.

Font davantage confiance à leurs instincts ; deviennent plus sociables et spontanés.

S'affirment davantage, font leur maximum pour gagner quand ils ont une cause juste à défendre.

Se laissent dynamiser et motiver par leur colère au lieu de se renfermer.

Se défendent plus efficacement ; établissent des limites claires.

Quand les Cinq vont vers le côté négatif du Huit, ils :

Se mettent à punir.

Agissent de manière déraisonnable.

Méprisent les sentiments et les désirs des autres d'une façon flagrante, au lieu de le faire discrètement.

Quand les Cinq vont vers le côté négatif du Sept, ils :

Se lancent impulsivement dans de nouveaux projets.

S'éparpillent et deviennent distraits.

Quand les Cinq vont le côté positif du Sept, ils :

Cherchent à faire davantage d'expériences.

Pensent moins à eux.

Aiment davantage s'amuser et sont moins inhibés.

SUGGESTIONS PRATIQUES ET EXERCICES POUR UN "CINQ"

1. Cessez de vivre dans votre tête ; agissez

Prenez des risques et exprimez-vous, même si vous craignez

de paraître idiot. Imitez certaines personnes que vous connaissez et qui n'ont pas peur de passer à l'action.

Devenez plus actif ; lancez-vous dans des activités créatrices ou sportives.

Appréciez le moment présent.

Cherchez une psychothérapie ou un travail corporel qui vous apprenne à exprimer vos sentiments.

2. Relations

RÉUNION D'ANONYMES NULS

Si vous avez tendance à faire de longs discours, limitez-vous à deux ou trois phrases puis, avant de continuer, voyez si les gens sont intéressés. Transformez vos discours en conversations.

Dans un groupe, prenez conscience de vos envies irrésistibles de montrer ce que vous savez.

Dites aux autres qu'ils sont importants pour vous.

Lorsque vous avez l'impression d'être prêt à donner, lancez-vous et faites-le.

Demandez ce dont vous avez envie, même si c'est d'établir des limites.

Si vous désirez être davantage en relation avec les gens, entrez dans un groupe de thérapie continue acceptant les gens qui parlent comme ceux qui ne parlent pas.

CE QU'UN "CINQ" NE RÊVERAIT JAMAIS DE FAIRE

Manquer une occasion de montrer à ses collègues qu'il a de vastes connaissances dans un secteur obscur de sa spécialité.

Organiser une grande soirée.

Se porter volontaire pour être maître de cérémonie à sa prochaine réunion universitaire.

S'abonner à un journal uniquement pour la page mondaine.

Vendre des voitures d'occasion ou bien des aspirateurs au porte-à-porte.

Appeler les plantes de son jardin par leurs noms usuels plutôt que par leurs noms latins.

Partir deux semaines avec un groupe dans lequel il n'aurait pas une minute à lui.

CHOSES POSITIVES A VOUS DIRE

Relations et expériences sont nécessaires à une véritable compréhension.

Je serai un individu à part entière quand je serai débarrassé de mes idées et de mes catégorisations préconçues.

Je n'ai pas besoin d'être la personne la plus intelligente du monde.

LE LOYALISTE

LE LOYALISTE

J'ai mis au point une nouvelle philosophie :
je n'ai peur que d'un seul jour à la fois.
Charles M. Schulz

Les Six sont motivés par le besoin de sécurité. Les Six phobiques sont à l'évidence peureux et cherchent l'approbation. Les Six contre-phobiques confrontent leur peur. Les deux aspects peuvent se rencontrer chez la même personne.

Les Six, du meilleur côté, sont : loyaux, aimables, attentifs, chaleureux, compatissants, pleins d'humour, pratiques, secourables, responsables.

Les Six, du plus mauvais côté, sont : hypervigilants, enclins à contrôler, imprévisibles, critiques, paranoïaques, sur la défensive, rigides, battus d'avance, irritables.

INVENTAIRE DE PERSONNALITÉ

Cochez les phrases que vous auriez pu prononcer quand vous aviez moins de vingt-cinq ans (ou que vous prononcez maintenant si vous avez cet âge).

- ❒ 1 Je suis nerveux quand je suis avec certaines figures d'autorité.
- ❒ 2 Je suis souvent tourmenté par le doute.
- ❒ 3 J'aime avoir des directives claires et savoir où j'en suis.
- ❒ 4 Je suis toujours sur le qui-vive par crainte d'un danger.
- ❒ 5 Je prends les choses trop au sérieux.
- ❒ 6 Je passe mon temps à chercher ce qui pourrait aller mal.
- ❒ 7 Je prends souvent une critique pour une attaque.
- ❒ 8 Je suis souvent obsédé par le souci de savoir ce que pense mon partenaire.
- ❒ 9 Je suis capable de travailler très dur.
- ❒ 10 Mes amis me jugent loyal, secourable et compatissant.
- ❒ 11 On m'a dit que j'avais le sens de l'humour.
- ❒ 12 Je suis les règlements à la lettre (trait phobique), ou bien je les enfreins souvent (trait contre-phobique).
- ❒ 13 Plus je me sens vulnérable dans mes relations affectives, plus je deviens anxieux et irritable.
- ❒ 14 J'ai tendance soit à remettre au lendemain, soit à foncer tête baissée, même vers le danger.
- ❒ 15 Quand des gens cherchent à me manipuler par la flatterie, je m'en aperçois très vite.
- ❒ 16 J'aime les choses prévisibles.

- ❐ 17 J'ai saboté ma propre réussite.
- ❐ 18 Je suis capable de soutenir les gens envers et contre tout.
- ❐ 19 L'ordre et la propreté me donnent l'impression de mieux contrôler ma vie.
- ❐ 20 Je n'aime pas la prétention chez autrui.

COMMENT S'ENTENDRE AVEC MOI

LAISSEZ-MOI ME FAIRE DU SOUCI EN PAIX

Soyez directs et clairs.

Ecoutez-moi attentivement.

Ne me reprochez pas mon anxiété.

Faites les choses avec moi jusqu'au bout.

Rassurez-moi en me disant que tout va bien entre nous.

Riez et plaisantez avec moi.

Poussez-moi doucement vers de nouvelles expériences.

Essayez de ne pas réagir exagérément à mes réactions exagérées.

RELATIONS

Les Six, sous leur meilleur jour, sont chaleureux, gais, ouverts, loyaux, capables de soutenir les autres, honnêtes, justes et dignes de confiance.

Les Six, sous leur plus mauvais jour, sont méfiants, enclins à contrôler, inflexibles et sarcastiques. Ils se retirent ou bien réagissent avec violence lorsqu'ils se sentent menacés.

CE QUE J'APPRÉCIE DANS LE FAIT D'ÊTRE UN "SIX"

Je prends mes responsabilités vis-à-vis de ma famille et de mes amis, et je leur suis fidèle.

Je suis responsable et travailleur.

Je fais preuve de compassion envers les gens.

J'ai de l'intelligence et de l'esprit.

ET CE QUE J'APPRÉCIE DANS LE FAIT D'ÊTRE CONTRE-PHOBIQUE

Je suis non conformiste.

J'affronte courageusement le danger.

Je suis direct et je m'affirme.

CE QUI EST DUR DANS LE FAIT D'ÊTRE UN "SIX"

Je trouve des pour et des contre chaque fois que j'essaie de mettre de l'ordre dans mes idées.

Je remets à plus tard par peur de l'échec ; je n'ai pas confiance en moi.

J'ai peur qu'on m'abandonne ou qu'on profite de moi.

Je m'épuise à force de me faire du souci et d'être sur le qui-vive par crainte d'un éventuel danger.

Au travail, j'aimerais avoir un règlement de façon à tout faire comme il faut.

Je suis trop critique envers moi-même quand je n'ai pas été à la hauteur de mes attentes.

LES RÉFLEXIONS TYPIQUES D'UN "SIX"

LES "SIX" ENFANTS, SOUVENT

Sont amicaux, agréables et dignes de confiance, et/ou sarcastiques, autoritaires et entêtés.

Sont inquiets et hypervigilants ; anticipent le danger.

Forment une équipe "nous contre eux" avec leur meilleur ami ou l'un de leurs parents.

Recherchent des groupes ou des autorités pouvant les protéger, et/ou remettent en question l'autorité et se révoltent.

Sont négligés et mal traités, viennent de familles imprévisibles ou alcooliques, et/ou reprennent à leur compte la peur d'un parent hyper-anxieux.

LES "SIX" PARENTS

Généralement, aiment leurs enfants, s'occupent bien d'eux et ont un sens du devoir développé.

Hésitent quelquefois à leur accorder leur indépendance.

Ont, plus que la moyenne, peur que leurs enfants soient blessés.

Ont parfois du mal à dire non et à mettre des limites.

PROFESSION

Bien que les Six puissent se retrouver dans n'importe quel type d'emploi, ils sont souvent attirés par le système judiciaire, le monde militaire ou syndical et l'académie. Ils aiment souvent faire partie d'une équipe. Beaucoup sont dans la santé et l'éducation.

Les Six contre-phobiques ont parfois un travail comportant des risques. Ceux qui penchent vers le côté anti-autoritariste sont généralement plus heureux lorsqu'ils travaillent à leur compte.

Si les Six ne sont pas satisfaits de leur emploi, ils risquent de se révolter ou d'avoir un comportement dissimulé.

ET LES LOISIRS

Les Six ont beaucoup d'énergie et sont souvent très occupés. Outre les mêmes activités que les autres types, ils aiment souvent l'exercice physique et la nature. Certains font partie de groupes venant en aide aux déshérités. Ceux qui penchent vers le côté contre-phobique pratiquent souvent des activités dangereuses ou s'engagent dans des groupes de révoltés.

COMMENTAIRES SUR LE "SIX"

"Rien n'échappe au lieutenant Holmes ! De tout le département, c'est lui qui a trouvé le plus grand nombre de criminels."

"C'est le directeur le plus sûr, le plus digne de confiance, le plus travailleur que ma compagnie n'ait jamais eu. Et son formidable sens de l'humour nous aide à garder le moral."

"C'était un excellent professeur. Grâce à sa chaleur et à sa compréhension, j'ai pu travailler dur et entrer dans un bon collège."

"C'est une amie intelligente, loyale et digne d'être aimée ; elle n'a jamais failli à sa parole ni manqué de me soutenir quand j'en avais besoin."

GROUPE DE SOUTIEN CONTRE LA PEUR DE VOLER

AILES

Votre personnalité peut se fondre dans les types qui se trouvent de chaque côté du vôtre ou être influencée par eux. Elle est parfois nettement modifiée par une aile forte.

Les Six avec une aile Cinq développée tendent à être plus introvertis, intellectuels, prudents et distants.

Les Six avec une aile Sept développée tendent à être plus extravertis, matérialistes, actifs et impulsifs.

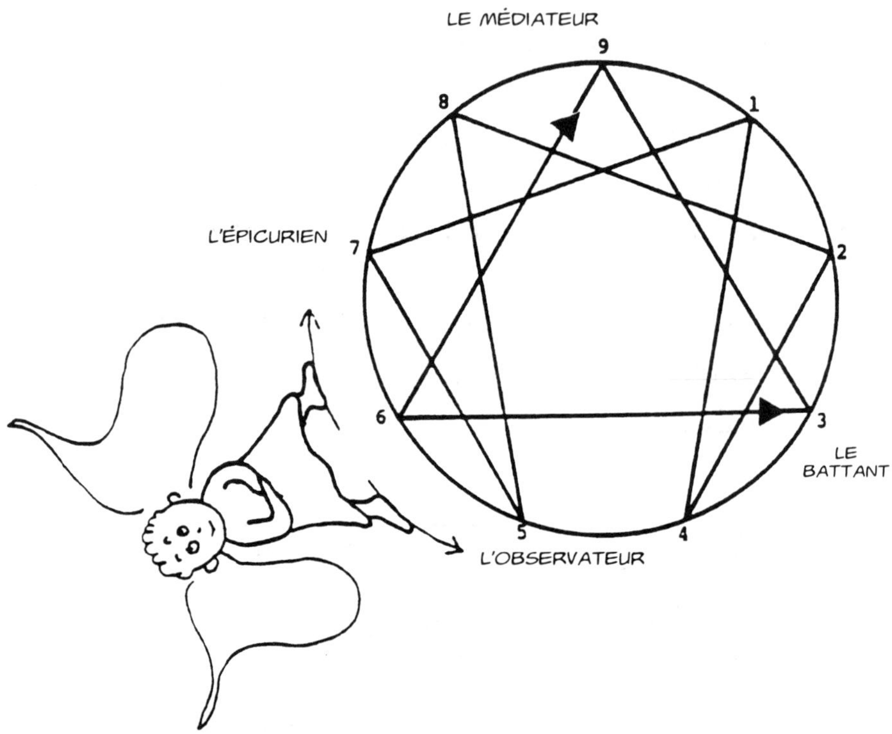

DÉPLACEMENTS DANS L'ENNÉAGRAMME

Suivant les lignes du diagramme, les Six vont vers le Neuf dans une direction et vers le Trois dans l'autre. Ils vont vers le côté positif du Neuf lorsqu'ils se sentent en sécurité ; ils peuvent également cultiver consciemment ces qualités positives. Ils vont vers le côté négatif du Trois lorsqu'ils sont stressés ; mais ils peuvent s'efforcer consciemment d'éviter ces traits négatifs. Lisez le chapitre sur les types Neuf et Trois afin d'en apprendre davantage sur eux.

Quand les Six vont vers le côté positif du Neuf, ils :

Font davantage preuve d'empathie envers les gens.

Ont un point de vue plus large sur les choses.

Prennent la vie moins au sérieux et libèrent leur énergie.

Se fient davantage à leur autorité intérieure.

Quand les Six vont vers le côté négatif du Neuf, ils :

S'abrutissent par les drogues, la télévision, la lecture, la nourriture ou le sommeil, afin de mettre un terme à leurs obsessions.

Planent et deviennent apathiques.

Quand les Six vont vers le côté négatif du Trois, ils :

Echappent à l'anxiété par une activité continuelle ; peuvent devenir des drogués du travail.

Jouent un rôle ou adoptent une image afin de se sentir plus en sécurité.

Mentent sur eux-mêmes pour se couvrir ou avancer.

Quand les Six vont le côté positif du Trois, ils :
Agissent de manière décidée et efficace.
Se sentent bien avec ce qu'ils font.

SUGGESTIONS PRATIQUES ET EXERCICES POUR UN "SIX"

1. Confiance en soi

Efforcez-vous d'être avec des gens qui vous acceptent, qui se montrent dignes de confiance et encourageants.

Notez bien et essayez de croire les choses positives que vous disent les gens.

Gardez à l'esprit que vous pouvez changer, vaincre vos peurs et apprendre à agir en présence de celles-ci.

Souvenez-vous qu'il n'y a pas une seule façon "juste" dans la vie, tant que vous êtes intérieurement satisfait de ce que vous faites.

Félicitez-vous. N'attendez pas que quelqu'un d'autre vous dise que ce que vous avez fait est bien.

Ecrivez-vous et parlez-vous de manière encourageante et attentionnée.

Souvenez-vous que ce n'est pas grave de faire des erreurs.

2. Relations

Je préfère toujours croire en ce qu'il y a de meilleur en chacun – cela évite beaucoup de problèmes.

Rudyard Kipling

Les Six ont souvent des réactions exagérées lorsqu'ils sont stressés. Ne sous-estimez pas l'effet négatif que cela peut avoir sur les gens.

Ne donnez que lorsque vous avez vraiment envie de le faire, sinon vous vous épuiserez.

Assurez-vous de ce qu'il en est réellement auprès des autres : "étiez-vous en train de penser que… ?" ou "étiez-vous en train de penser ce que je pensais que vous pensiez ?"

Apprenez à traiter avec humour votre hypervigilance.

3. Travail

Prenez conscience du fait que vous êtes un grand travailleur. Focalisez-vous sur vos forces.

Divisez vos tâches en petits morceaux et n'en faites qu'un seul à la fois.

Si vous vous sentez dépassé ou stressé par le travail parce que vous vous êtes chargé de trop de tâches à la fois, déléguez-en le maximum à d'autres.

Soyez patient quand les autres vont à leur rythme plutôt qu'au vôtre.

ALLEZ JUSQU'AU BOUT,
MÊME SI VOUS ÊTES MORT DE PEUR !

4. Anxiété et peur

Observez vos peurs sans vous les reprocher.

Vérifiez les faits quand vous êtes anxieux. Par exemple, regardez les statistiques du nombre d'avions qui se sont écrasés au cours de l'année.

Acceptez d'être dans l'incertitude. Celle-ci ne durera pas toujours.

Mettez-vous à la méditation, à la respiration et aux techniques de visualisation, ou bien suivez un cours de réduction du stress.

Visualisez une scène paisible. Lorsqu'un souci commence à apparaître, respirez profondément en revenant à votre scène. Faites-le régulièrement.

Ne vous traitez pas de paresseux quand vous vous accordez un peu de détente.

Pratiquez des activités physiques : sport, exercice, marche.

CE QU'UN "SIX" NE RÊVERAIT JAMAIS DE FAIRE

Entendre une voix familière durant la nuit et être sûr que c'était le chat et non pas un voleur.

Se pardonner d'avoir cassé le vase préféré de son meilleur ami.

Ne pas faire un sondage auprès de ses amis lorsqu'il envisage de changer de métier.

Aller chez un nouveau thérapeute ou un nouveau médecin sans lui demander ses références.

Etre certain d'avoir fait un bon choix après un achat important.

HORTENSE N'A PAS L'IMPRESSION
DE CONNAITRE UN TRISTE SORT PARCE QU'ELLE
EST AU CHOMAGE OU PARCE QUE
SON HORLOGE BIOLOGIQUE TOURNE.

CHOSES POSITIVES A VOUS DIRE

Être préparé signifie avoir confiance en tout ce qu'apporte chaque instant.

Je suis fort. Je suis calme. J'y arriverai.

Je suis bien aujourd'hui, je serai bien demain.

J'apprends à faire confiance à mes propres décisions.

Je peux prendre des risques et faire des erreurs.

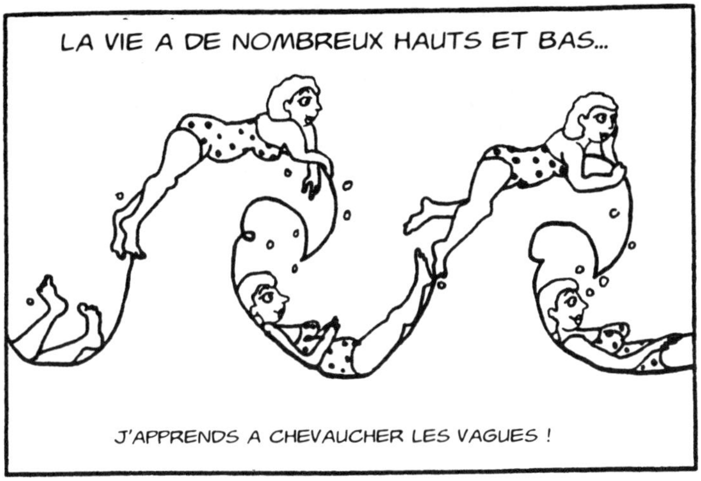
LA VIE A DE NOMBREUX HAUTS ET BAS...
J'APPRENDS A CHEVAUCHER LES VAGUES !

L'ÉPICURIEN

L'ÉPICURIEN

On ne vit qu'une fois –
mais si on le fait bien, c'est suffisant.
Joe E. Lewis

Les Sept sont motivés par le besoin d'être heureux et d'avoir en projet des activités agréables, d'apporter une contribution au monde, et d'éviter la souffrance et la douleur.

Les Sept, du meilleur côté, sont : gais, spontanés, imaginatifs, productifs, enthousiastes, rapides, confiants, charmeurs, curieux.

Les Sept, du plus mauvais côté, sont : narcissiques, impulsifs, dispersés, révoltés, indisciplinés, possessifs, maniaques, auto-destructeurs, agités.

INVENTAIRE DE PERSONNALITÉ

Cochez les phrases que vous auriez pu prononcer quand vous aviez moins de vingt-cinq ans (ou que vous prononcez maintenant si vous avez cet âge).

- ❒ 1 J'aime la vie. En général, je n'ai pas d'inhibitions et suis optimiste.
- ❒ 2 Je n'aime pas que l'on me fasse sentir que j'ai des obligations ou que je suis redevable.
- ❒ 3 Je suis actif et énergique. Je m'ennuie rarement si on me laisse faire ce que je veux.
- ❒ 4 Je prends souvent des risques verbaux ou physiques.
- ❒ 5 J'ai en général un effet dynamisant pour les amis ayant les mêmes buts que moi.
- ❒ 6 Je ne suis pas expert dans un domaine particulier, mais je fais beaucoup de choses bien.
- ❒ 7 J'ai pour habitude de quitter une chose puis d'y revenir. J'aime rester en mouvement.
- ❒ 8 Apparemment, j'oublie la plupart de mes chagrins et m'en remets plus vite que la plupart des gens que je connais.
- ❒ 9 Je m'apprécie et suis bon avec moi-même.
- ❒ 10 J'aime les gens et, dans l'ensemble, ils me le rendent bien.
- ❒ 11 Je me débrouille toujours pour obtenir ce que je veux.
- ❒ 12 J'apprécie les gens qui ont l'esprit vif.
- ❒ 13 Je suis idéaliste. Je veux apporter quelque chose au monde.

❒ 14 Je passe d'une envie de m'engager à un désir de liberté et d'indépendance.

❒ 15 Je suis souvent à l'aise dans un groupe.

❒ 16 Quand les gens sont malheureux, j'essaie de leur remonter le moral et de leur faire voir le bon côté des choses.

❒ 17 J'adore l'excitation et les voyages.

❒ 18 Je me sens tantôt inférieur, tantôt supérieur aux autres.

❒ 19 En général, je dis tout ce qui me passe par la tête. Quelquefois, cela me crée des problèmes.

❒ 20 Je suis capable de grands sacrifices pour aider les gens.

COMMENT S'ENTENDRE AVEC MOI

Tenez-moi compagnie, donnez-moi de l'affection et laissez-moi libre.

Dans vos conversations avec moi, montrez-vous intéressants et gais.

Appréciez mes grandes visions et écoutez mes histoires.

N'essayez pas de changer mon style. Acceptez-moi tel que je suis.

Soyez responsables de vous-mêmes. Je déteste les gens collants ou demandeurs.

Ne me dites pas ce que je dois faire.

RELATIONS

Les Sept, sous leur meilleur jour, sont gais, généreux, sociables, attentionnés et amusants. Ils entraînent leurs amis et ceux qu'ils aiment dans de nouvelles activités et aventures.

Les Sept, sous leur plus mauvais jour, sont narcissiques, dogmatiques, sur la défensive et distraits. Ils sont souvent ambivalents vis-à-vis de l'engagement dans une relation, car ils s'y sentent ligotés.

CE QUE J'APPRÉCIE DANS LE FAIT D'ÊTRE UN SEPT

Je suis optimiste et ne me laisse pas abattre par les problèmes des gens.

Je suis spontané et libre d'esprit.

Je suis franc et excessif. Cela fait partie du plaisir.

Je suis généreux et m'efforce d'améliorer le monde.

J'ai le courage de prendre des risques et de me lancer dans des aventures excitantes.

J'ai de très nombreux intérêts et talents.

CE QUI EST DUR DANS LE FAIT D'ÊTRE UN "SEPT"

Je n'ai pas assez de temps pour faire tout ce que j'ai envie de faire.

Je ne finis pas les choses que je commence.

Je n'arrive pas à profiter des bénéfices que l'on tire de la spécialisation ; je ne m'engage pas suffisamment pour mener une carrière jusqu'au bout.

J'ai tendance à ne pas avoir les pieds sur terre ; je me perds dans les projets et les rêves.

Dans une relation de couple, je me sens enfermé.

IL FAUT GARDER TOUTES LES OPTIONS OUVERTES !

LES RÉFLEXIONS TYPIQUES D'UN "SEPT"

LES ENFANTS "SEPT", SOUVENT

Sont attirés par l'action et l'aventure.

Recherchent l'excitation.

Préfèrent être avec d'autres enfants que seuls.

Se font leur place avec finesse auprès des adultes.

Rêvent de la liberté qu'ils auront en grandissant.

LES "SEPT" PARENTS

Sont souvent enthousiastes et généreux.

Veulent que leurs enfants vivent de nombreuses aventures.

Sont parfois trop pris par leurs propres activités pour être attentifs.

PROFESSION

De nombreux Sept mènent plusieurs carrières ou emplois de front, dans lesquels ils voyagent beaucoup (pilotes, surveillant de vol, photographes...). Certains aiment utiliser des outils ou des machines, ou bien travailler à l'extérieur. D'autres préfèrent résoudre des problèmes en tant qu'entrepreneurs ou dépanneurs. D'autres encore sont dans les professions d'aide en tant qu'enseignants, infirmières ou conseillers. On ne trouve pas beaucoup de Sept dans les tâches répétitives (chaînes de montage ou comptabilité, par exemple). Ils aiment les défis et ont l'esprit rapide dans les situations d'urgence.

ET LES LOISIRS

Les Sept aiment voyager, flirter avec le danger (parachutisme, deltaplane, parapente, escalade, conduite rapide), avoir des

conversations intéressantes et gaies, apprendre de nouvelles choses, faire des projets agréables, s'adonner à des sports et à des jeux, essayer de nouvelles recettes, aller au concert, au cinéma, au théâtre et à l'opéra, lire, œuvrer pour des bonnes causes, travailler sur des projets trop variés et trop nombreux pour être dénombrés, et aller, aller, aller.

COMMENTAIRES SUR LES "SEPT"

"Quand j'ai besoin qu'on me remonte le moral, j'appelle mon ami Sept : il me communique une bonne dose de son enthousiasme et de son optimisme. Ca marche à tous les coups."

"Il est passionné par toutes les nouvelles idées. En ce moment, il s'intéresse au jazz ; il a pratiquement tous les CD sortis dans ce domaine. L'année dernière, il a exploré des grottes pendant trois mois et avant, il était allé suivre des cours de cuisine en France."

"Sa vie est source d'inspiration : elle est allée en Afrique, a créé une clinique et a sauvé des centaines de bébés. Maintenant elle s'occupe bénévolement d'enfants handicapés à l'hôpital. Le week-end, elle fait du vélo en montagne, organise des soirées ou va prendre des bains dans une station thermale."

"C'était un grand-père parfait ! Nous travaillions côte à côte dans son atelier pendant des heures. Ensuite, nous allions voir un match de base-ball, rendre visite à ses meilleurs copains en ville, puis nous faisions une promenade à la campagne. Le soir il me racontait des histoires du bon vieux temps. J'étais écroulé de rire chaque fois qu'il enlevait son dentier pour me le faire claquer au visage."

AILES

Votre personnalité peut se fondre dans les types qui se trouvent de chaque côté du vôtre ou être influencée par eux. Elle est parfois nettement modifiée par une aile forte.

Les Sept avec une aile Six développée tendent à être plus loyaux, tendres, responsables et anxieux.

Les Sept avec une aile Huit développée tendent à être plus exubérants, agressifs, matérialistes, et à entrer davantage en compétition.

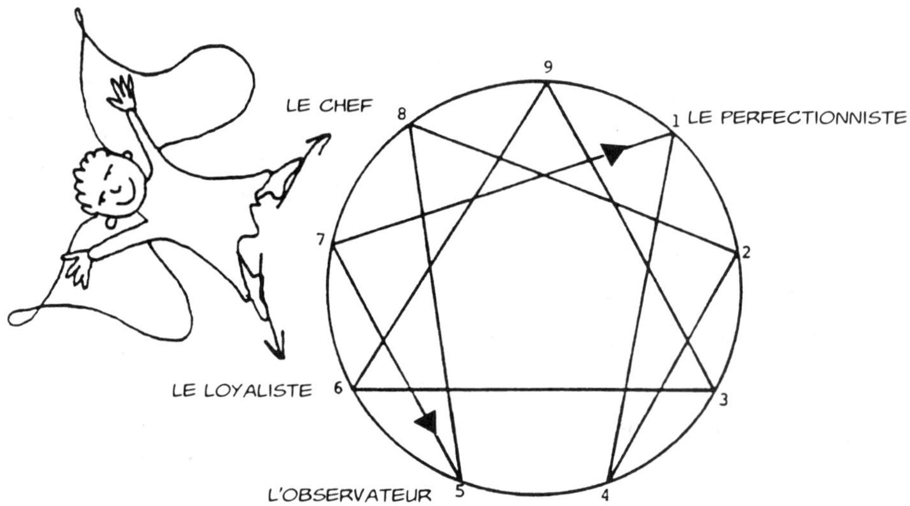

DÉPLACEMENTS DANS L'ENNÉAGRAMME

Suivant les lignes du diagramme, les Sept vont vers le Cinq dans une direction et vers le Un dans l'autre. Ils vont vers le côté positif du Cinq lorsqu'ils se sentent en sécurité ; ils peuvent également cultiver consciemment ces qualités positives. Ils vont vers le côté négatif du Un lorsqu'ils sont stressés ; mais ils peuvent s'efforcer consciemment d'éviter ces traits négatifs. Lisez le chapitre sur les types Cinq et Un afin d'en apprendre davantage sur eux.

Quand les Sept vont vers le côté positif du Cinq, ils :

Deviennent plus calmes, plus introvertis et objectifs.

Vont plus au fond des choses et accordent davantage de valeur à la sagesse et à l'autodiscipline.

Acceptent mieux les deux polarités de la vie : bon et mauvais, heureux et malheureux.

Deviennent plus sérieux et sont pris plus au sérieux.

Entrent en contact avec leurs peurs.

Quand les Sept vont vers le côté négatif du Cinq, ils :

Imposent leurs théories aux gens.

Deviennent plus égocentriques et fuient les responsabilités.

Quand les Sept vont vers le côté négatif du Un, ils :

Deviennent cyniques et hypercritiques ; pinaillent, râlent et essaient de changer les gens.

Deviennent critiques par rapport à eux-mêmes et aux autres ; ne savent pas rire d'eux-mêmes.

Pensent en termes de blanc ou noir et "savent" qu'ils détiennent la vérité.

Reprochent aux autres de les empêcher de s'amuser.

Ressassent de manière obsessionnelle une idée ou un projet.

Sont insidieusement envahis par la nervosité.

Quand les Sept vont le côté positif du Un, ils :

Deviennent plus productifs et vont jusqu'au bout des choses ; mettent leurs idéaux en action.

Cherchent moins à se faire plaisir et s'intéressent davantage au bien-être d'autrui.

Pèsent leurs choix avec plus de sagesse.

SUGGESTIONS PRATIQUES ET EXERCICES POUR UN "SEPT"

1. Santé

Cultivez des habitudes saines d'alimentation, de sommeil et d'exercice. Certains Sept sont portés vers les extrêmes et ont tendance à négliger leur santé.

Lancez-vous dans un programme d'exercice, natation ou taï-chi, par exemple.

Veillez à ne pas faire des excès de nourriture, de boisson ou d'achats quand vous êtes stressé.

N'ENTREPRENEZ PAS PLUS QUE CE QUE VOUS POUREZ FAIRE.

2. Stress

Soyez reconnaissant pour ce que vous avez au lieu de vous focaliser sur ce qui vous manque.

Ne faites pas la sourde oreille à vos problèmes en espérant qu'ils disparaîtront. Trouvez un ami ou un conseiller avec qui parler, de façon à empêcher le stress de s'installer.

Enlevez vos lunettes roses et tenez compte du côté sombre ou négatif de la vie, afin d'être réaliste et équilibré. Prenez conscience que la pensée positive ne résout pas tous les problèmes.

Acceptez les sentiments et ayez confiance : ils passeront.

3. Relations

Dans une relation affective, le rapport entre le temps que vous passez ensemble et celui que vous passez séparés risque de créer des problèmes. Essayez de vous mettre d'accord sur ce point dès le départ.

Consacrez un peu de temps à l'intimité avec votre partenaire.

SACHEZ ECOUTER

Faites preuve de tact et de sensibilité. Efforcez-vous de voir les choses du point de vue de l'autre.

Soyez assez ouvert pour entendre ce qu'on vous dit sur les traits de votre caractère qui auraient besoin d'être améliorés (par exemple : "tu ne me poses pas de question sur ma journée à moi").

Demandez aux autres ce qu'ils veulent. Les Sept ne se rendent souvent pas compte qu'ils sont centrés sur eux-mêmes.

ASSUREZ-VOUS QUE C'EST UNE ROUTE A DEUX VOIES !

4. Travail

Envisagez de travailler pour vous.

N'attendez pas des autres qu'ils suivent votre rythme, car vous êtes trop rapide.

Concentrez-vous sur le travail en cours au lieu d'imaginer ce que vous pourriez être en train de faire d'autre.

Souvenez-vous qu'un dur travail est payant et procure nombre de satisfactions. Les Sept ont souvent l'impression que si ce n'est pas agréable, cela ne vaut pas la peine.

Trouvez une profession vous permettant de mettre vos idéaux en action.

CE QU'UN "SEPT" NE RÊVERAIT JAMAIS DE FAIRE

Finir tous les livres qu'il est en train de lire avant d'en entamer un nouveau.

Etablir des listes de choses à faire pour la semaine et les suivre exactement.

Raconter des histoires sans exagérer.

Passer six mois dans un centre zen en méditation silencieuse.

Passer toute une journée avec un ami sans lui suggérer quelques raccourcis lui permettant de faire plus vite son travail.

Se porter volontaire pour s'occuper d'une ligne d'appel téléphonique style "SOS...".

Passer une demi-journée à écouter une amie déballer ses problèmes et parler d'elle.

CHOSES POSITIVES A VOUS DIRE

La confiance et la clarté sont en vue quand l'obscurité est en équilibre avec la lumière.

J'ai assez. C'est assez. Je n'ai pas besoin d'autre chose.

TRISTESSE
BONHEUR
MONDE INTERIEUR
MONDE EXTERIEUR

LE CHEF

LE CHEF

Ne va jamais te coucher en colère.
Lève-toi pour te battre !

Les Huit sont motivés par le besoin de compter sur eux-mêmes, de se montrer forts et d'éviter de se sentir faibles et dépendants.

Les Huit, du meilleur côté, sont : directs, autoritaires, loyaux, énergiques, réalistes, protecteurs, sûrs d'eux-mêmes.

Les Huit, du plus mauvais côté, sont : enclins à contrôler, révoltés, insensibles, dominateurs, égocentriques, sceptiques, agressifs.

INVENTAIRE DE PERSONNALITÉ

Cochez les phrases que vous auriez pu prononcer quand vous aviez moins de vingt-cinq ans (ou que vous prononcez maintenant si vous avez cet âge).

- ❒ 1 Je suis capable de m'affirmer et de me montrer agressif quand il le faut.
- ❒ 2 Je ne supporte pas d'être utilisé ou manipulé.
- ❒ 3 J'aime être direct et honnête ; je joue cartes sur table.
- ❒ 4 Je suis individualiste et non conformiste.
- ❒ 5 Je respecte les gens qui s'affirment.
- ❒ 6 Je ne reculerais devant rien pour protéger ceux que j'aime.
- ❒ 7 Je me bats pour ce qui est juste.
- ❒ 8 Je soutiens les opprimés.
- ❒ 9 Je n'ai aucune difficulté à prendre des décisions.
- ❒ 10 Je trouve important de pouvoir compter sur soi même et d'être indépendant.
- ❒ 11 J'ai fait des excès de nourriture et de drogues.
- ❒ 12 Certaines personnes s'offusquent de ma brusquerie.
- ❒ 13 Quand j'entre dans un nouveau groupe, je reconnais immédiatement la personne qui a le pouvoir.
- ❒ 14 Je travaille dur et je sais faire les choses.
- ❒ 15 Dans un groupe, je suis parfois davantage observateur que participant.
- ❒ 16 J'aime l'excitation et la stimulation.
- ❒ 17 J'ai tendance à me disputer avec les gens, surtout quand je me sens en sécurité.

❒ 18 Je suis vulnérable et affectueux quand je fais vraiment confiance à quelqu'un.

❒ 19 Les gens exagérément gentils ou flatteurs me gênent.

❒ 20 Une des choses que je déteste le plus est l'hypocrisie.

COMMENT S'ENTENDRE AVEC MOI

Affirmez-vous… et laissez-moi m'affirmer.

Soyez confiants, forts et directs.

Ne faites pas de commérage à mon sujet et ne trahissez pas ma confiance.

Soyez vulnérables et faites-moi part de vos sentiments. Voyez et reconnaissez mon côté tendre et vulnérable.

Donnez-moi la possibilité d'être seul.

Appréciez mes contributions, mais ne me flattez pas.

Je parle souvent d'un ton péremptoire. Ne le prenez pas automatiquement pour une attaque personnelle.

Quand je crie, jure et frappe du pied, rappelez-vous que c'est simplement ma manière d'être.

J'AIME ME SENTIR TRES PROCHE DE QUELQU'UN

RELATIONS

Les Huit, sous leur meilleur jour, sont loyaux, attentifs, positifs, gais, sincères, directs, engagés et généreux ; ils soutiennent les autres.

Les Huit, sous leur plus mauvais jour, sont exigeants, arrogants, querelleurs, possessifs, intransigeants et prompts à prendre les autres en défaut.

CE QUE J'APPRÉCIE DANS LE FAIT D'ÊTRE UN "HUIT"

Je suis indépendant et ne compte que sur moi-même.

Je suis capable de relever un défi et de le prendre à bras-le-corps.

Je suis courageux, direct et honnête.

Je tire de la vie tout le plaisir qu'il est possible d'en tirer.

Je soutiens, encourage et protège ceux qui me sont proches.

Je défends les causes justes.

CE QUI EST DUR DANS LE FAIT D'ÊTRE UN "HUIT"

Les femmes Huit ont parfois des difficultés dans notre société, parce que leur force et leur audace sont considérées comme des caractéristiques "masculines".

Je submerge les gens avec ma brusquerie ; je leur fais peur sans le vouloir.

Je m'énerve et m'impatiente face à l'incompétence d'autrui.

Je prends des risques pour les gens et n'en reçois aucune reconnaissance.

Je n'oublie jamais les blessures et les injustices.

Je m'impose trop de pression.

Je fais un coup de sang quand les gens ne respectent pas les règles ou que les choses vont de travers.

LES RÉFLEXIONS TYPIQUES D'UN "HUIT"

Je préfère avoir fortement tort
que faiblement raison.
Tallulah Bankhead

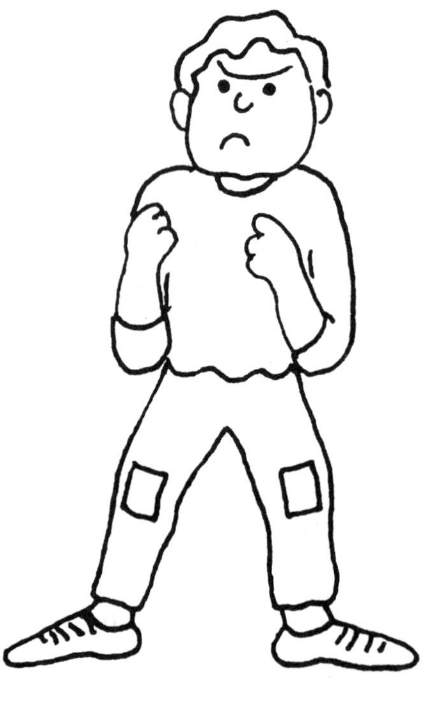

LES "HUIT" ENFANTS, SOUVENT

Sont indépendants ; ont une force intérieure et un esprit combatif.

Sont parfois solitaires.

Prennent le contrôle de façon à ne pas être contrôlés.

Jaugent la faiblesse des autres.

Attaquent verbalement ou physiquement quand ils sont provoqués.

Soit prennent des responsabilités dans leur famille parce qu'ils se perçoivent comme les plus forts ; soit grandissent dans un environnement difficile ou sont maltraités

LES "HUIT" PARENTS

Sont souvent loyaux, attentionnés, engagés et dévoués.

Sont quelquefois hyperprotecteurs.

Ont parfois tendance à contrôler, à se montrer rigides et exigeants.

PROFESSION

Les Huit savent prendre des initiatives pour avancer. Ils veulent avoir des responsabilités. Comme ils préfèrent être libres de faire leurs propres choix, ils sont souvent leurs propres patrons. Ils ont un grand besoin de sécurité financière. Beaucoup sont entrepreneurs, dirigeants dans le monde des affaires, hommes de loi, chefs militaires, meneurs syndicalistes et célébrités sportives. Ils sont également dans l'enseignement, ainsi que dans les professions d'aide et de santé. Ils sont attirés par des carrières où ils peuvent montrer leur aptitude à prendre des responsabilités et à résoudre des problèmes difficiles.

ET LES LOISIRS

Les Huit aiment les défis intellectuels et/ou physiques et partent souvent en croisade pour des bonnes causes. Ils sont énergiques et, généralement, aiment le grand air.

COMMENTAIRES SUR LES "HUIT"

"Quand je suis avec lui, je peux être honnête et dire tout ce que j'ai dans la tête. En fait, si je ne suis pas franc, j'ai l'impression de le décevoir."

"Elle est tellement excessive ! Elle s'habille comme elle en a envie, sans se soucier de ce que pensent les gens. J'admire son attitude et son individualisme."

"Elle est vivante, intense et pragmatique. Elle dit des choses que personne n'a le courage de dire et me donne envie d'exprimer mon opinion."

"Sa façon de diriger l'entreprise est très pratique. Il a l'art de déléguer les responsabilités et de tirer droit au but. Comme chacun sait exactement ce qu'il attend de lui, c'est un patron très efficace."

MIKE EST UN TYPE TRÈS FORT, POURTANT, AU FOND DE LUI, C'EST UNE ÂME TENDRE.

AILES

Votre personnalité peut se fondre dans les types qui se trouvent de chaque côté du vôtre ou être influencée par eux. Elle est parfois nettement modifiée par une aile forte.

Les Huit avec une aile Sept développée tendent à être plus extravertis, entreprenants, énergiques, rapides et égocentriques.

Les Huit avec une aile Neuf développée tendent à être plus modérés, doux, réceptifs, tranquilles et forts.

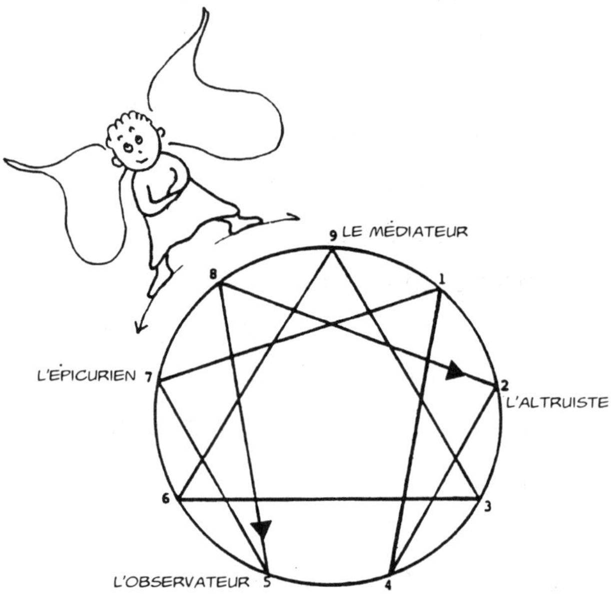

DÉPLACEMENTS DANS L'ENNÉAGRAMME

Suivant les lignes du diagramme, les Huit vont vers le Deux dans une direction et vers le Cinq dans l'autre. Ils vont vers le côté positif du Deux lorsqu'ils se sentent en sécurité ; ils peuvent également cultiver consciemment ces qualités positives. Ils vont vers le côté négatif du Cinq lorsqu'ils sont stressés ; mais ils peuvent s'efforcer consciemment d'éviter ces traits négatifs. Lisez le chapitre sur les types Deux et Cinq afin d'en apprendre davantage sur eux.

Quand les Huit vont vers le côté positif du Deux, ils :
S'ouvrent aux autres et dévoilent leur vulnérabilité.
S'inquiètent davantage du bien-être d'autrui.
Aiment plus et sont plus aimés ; expriment leur côté doux.

Quand les Huit vont vers le côté négatif du Deux, ils :
Deviennent exagérément dépendants.
Font aux autres des demandes irréalistes.
Sont davantage sur la défensive et ont des réactions exagérées.

Quand les Huit vont vers le côté négatif du Cinq, ils :
Se retirent et participent moins à ce qui se passe dans le monde.
Sont moins en contact avec leurs sentiments.
Ont peur d'être attaqués.
Deviennent défaitistes et dépressifs.
Se culpabilisent parfois et tournent alors leur agressivité contre eux-mêmes.

Quand les Huit vont le côté positif du Cinq, ils :
Prennent du recul et voient les choses plus objectives.
Réfléchissent plus profondément avant d'agir.

SUGGESTIONS PRATIQUES ET EXERCICES POUR UN "HUIT"

1. Relations

Résistez à l'envie de rejeter ou d'invalider l'expérience ou les points de vue d'autrui.

Soyez conscient que lorsque vous êtes "direct", vous risquez d'intimider les gens sans le vouloir.

Exprimez votre appréciation à voix haute et fréquemment.

Evitez de traiter les autres aussi durement que vous vous traitez vous-même.

Souvenez-vous que les disputes sont stimulantes pour les Huit mais pas pour la plupart des autres types.

Apprenez à négocier.

Aucune revanche n'est plus honorable que celle qui n'a pas été prise.
Proverbe espagnol

2. Colère

Les Huit se mettent souvent en colère à cause d'un commentaire ou d'un acte blessant. Si vous parlez sans trop tarder et d'une manière posée de ce qui vous a fait mal, vous pouvez éviter un éclat ultérieur.

Exprimez votre colère en thérapie ou discutez-en avec un ami prêt à vous soutenir.

3. Faites-vous du bien

Pour vos loisirs, trouvez des gens qui acceptent votre comportement excessif et non conformiste.

Au travail, entourez-vous de personnes qui respectent votre comportement direct et sont honnêtes avec vous.

Suivez un programme de sevrage si vous êtes drogué ou dépendant.

Evitez les attentes irréalistes vis-à-vis de vous-même.

Prenez le temps de pratiquer des activités créatrices ou physiques agréables.

CE QU'UN "HUIT" NE RÊVERAIT JAMAIS DE FAIRE

Eliminer toutes les expressions grivoises de son vocabulaire.

Ne pas exprimer son opinion quand il est profondément en désaccord avec ce qui est dit.

Quitter la présidence de sa société parce qu'il estime quelqu'un d'autre plus capable que lui.

LA PLUPART DES "HUIT" NE DISPARAISSENT PAS SANS SE FAIRE REMARQUER QUAND ILS ONT ETE BLESSES.

Dans un match de tennis, ne pas faire son maximum pour gagner.

Répéter sans cesse : "bien, faites comme vous voulez".

CHOSES POSITIVES A VOUS DIRE

Je montre mon côté doux et aimant à ceux en qui j'ai confiance.

De bonnes relations valent bien de petits compromis.

LE MÉDIATEUR

LE MÉDIATEUR

Je remets toujours au lendemain
quand j'approche du but.

Les Neuf sont motivés par le besoin de maintenir la paix, de fusionner avec les autres et d'éviter les conflits. Comme on retrouve chez eux les qualités des huit autres types, leur personnalité peut présenter de nombreuses variantes, depuis la gentillesse et la modération jusqu'à l'indépendance et l'énergie.

Les Neuf, du meilleur côté, sont : agréables, paisibles, généreux, patients, réceptifs, diplomates, larges d'esprit, capables d'empathie.

Les Neuf, du plus mauvais côté, sont : absents, oublieux, entêtés, obsessionnels, apathiques, enclins à l'agressivité passive, critiques, effacés.

INVENTAIRE DE PERSONNALITÉ

Cochez les phrases que vous auriez pu prononcer quand vous aviez moins de vingt-cinq ans (ou que vous prononcez maintenant si vous avez cet âge).

❒ 1 Je me sens souvent en communion avec la nature et avec les gens.

❒ 2 Prendre une décision peut être très difficile pour moi. Je vois les avantages et les inconvénients de chaque opinion.

❒ 3 J'ai parfois du mal à savoir ce que je veux quand je suis avec d'autres gens.

❒ 4 Les autres me croient paisible, mais intérieurement je suis souvent anxieux.

❒ 5 Souvent, au lieu de m'attaquer à ce que je dois réellement faire, je m'occupe de petites choses sans importance.

❒ 6 Quand il se produit des événements désagréables autour de moi, j'essaie de penser à autre chose pendant un moment.

❒ 7 Je préfère généralement prendre mes distances par rapport à un désagrément, plutôt que d'affronter quelqu'un.

❒ 8 Si ma journée ne comporte pas un minimum de routine et de structure, je ne fais pratiquement rien.

❒ 9 J'ai tendance à laisser les choses traîner jusqu'à la dernière minute, mais je finis presque toujours par les faire.

❒ 10 J'aime être calme et ne pas me bousculer, mais il m'arrive de faire des efforts démesurés.

❒ 11 Quand les gens essaient de me dire ce que je dois faire et tentent de me contrôler, je m'entête.

❒ 12 J'aime être certain d'avoir le temps de me détendre dans la journée.

❒ 13 Parfois, je suis timide et manque de confiance en moi.

❒ 14 J'aime traîner avec mon partenaire ou mes amis.

❒ 15 Des relations harmonieuses qui me soutiennent sont très importantes pour moi.

❒ 16 Je suis très sensible aux jugements et prends les critiques à mon compte.

❒ 17 J'aime écouter et soutenir les autres.

❒ 18 Je me concentre davantage sur le positif que sur le négatif.

❒ 19 J'ai du mal à me débarrasser des objets.

❒ 20 Je fonctionne selon le principe de l'inertie : si je suis en train de faire quelque chose, je n'ai pas de difficultés à continuer, mais j'en ai parfois beaucoup à démarrer.

COMMENT S'ENTENDRE AVEC MOI

Si vous voulez que je fasse quelque chose, la façon dont vous me le demandez est capitale. Ce que je déteste particulièrement, ce sont les attentes et la pression.

J'aime écouter et me rendre utile, mais n'en profitez pas.

Ecoutez-moi jusqu'à ce que j'aie fini de parler, même si je suis un peu long.

Donnez-moi le temps de finir les choses et de prendre une décision. J'accepte d'être poussé gentiment, sans critique.

Posez-moi des questions pour m'aider à éclaircir mes idées.

Dites-moi que vous aimez ma façon d'être. Je n'ai rien contre les flatteries.

Embrassez-moi, témoignez-moi physiquement de votre affection. Cela me permet de m'ouvrir à mes sentiments.

J'aime les bonnes discussions, mais pas les confrontations.

Dites-moi que vous appréciez ce que j'ai fait ou dit.

Riez avec moi et partagez ma joie de vivre.

RELATIONS

Les Neuf, sous leur meilleur jour, sont doux, gentils, rassurants, loyaux ; ils soutiennent les autres et ne les critiquent pas.

Les Neuf, sous leur plus mauvais jour, sont entêtés, enclins à l'agressivité passive, effacés, exagérément accomodants et sur la défensive.

CE QUE J'APPRÉCIE DANS LE FAIT D'ÊTRE UN "NEUF"

Je ne suis pas critique, mais plutôt tolérant.

Je m'occupe et me soucie des autres.

Je suis capable de me détendre et de prendre du bon temps.

Je sais que la plupart des gens apprécient ma compagnie ; c'est facile d'être avec moi.

Je suis capable de voir les différents aspects d'un problème et donc d'être un bon médiateur.

Je suis très conscient des sensations, de l'esthétique, de l'ici et maintenant.

Je suis capable de suivre le courant et de me sentir un avec l'univers.

CE QUI EST DUR DANS LE FAIT D'ÊTRE UN "NEUF"

Je ne supporte pas d'être jugé et mal compris à cause de mon calme et/ou de mon indécision.

Je m'accuse de manquer d'initiative et de discipline.

Je suis trop sensible aux critiques ; je prends pour moi le moindre froncement de sourcil et la moindre moue.

Je suis confus quant à ce que je veux réellement.

Je me soucie trop de ce que les autres pensent de moi.

On ne m'écoute pas et on ne me prend pas au sérieux.

LES RÉFLEXIONS TYPIQUES D'UN "NEUF"

LES "NEUF" ENFANTS, SOUVENT

Se sentent ignorés et ont l'impression que leurs désirs, leurs opinions et leurs sentiments sont sans importance.

Rêvassent souvent, surtout quand les autres discutent.

Sont de "bons" enfants : nient la colère ou la gardent pour eux.

LES "NEUF" PARENTS

Soutiennent bien leurs enfants, sont gentils et chaleureux.
Sont parfois exagérément permissifs et non directifs.

PROFESSION

Les Neuf savent écouter et sont objectifs ; ils font d'excellents médiateurs et diplomates. Ils sont souvent dans des professions d'aide. Certains préfèrent des situations structurées, telles que le service militaire ou civil, et autres bureaucraties.

Quand les Neuf vont vers les points Trois ou Six, ou que leur aile Un ou Huit est forte, ils sont plus agressifs et ont davantage l'esprit de compétition.

ET LES LOISIRS

Les Neuf sont très souples et peuvent pratiquer toutes les activités des huit autres types, depuis la détente jusqu'au grand déploiement d'énergie.

COMMENTAIRES SUR LES "NEUF"

"Je me sens toujours à l'aise quand je suis avec elle. C'est l'amie qui m'accepte le mieux telle que je suis."

"Mon patron est l'individu le plus patient et le plus compréhensif que je connaisse. Je n'ai jamais l'impression qu'il me juge, ce qui me donne envie de travailler le mieux possible."

"Mon ami m'écoute si attentivement qu'il perçoit les véritables problèmes, ceux que souvent je ne vois pas moi-même."

"Mon meilleur ami m'aide à tenir le coup en m'emmenant faire des balades à vélo et du rafting, observer les baleines et nager avec les dauphins. En hiver, nous allons à des conférences sur l'environnement, la paix, les dernières découvertes scientifiques et l'anthropologie."

AILES

Votre personnalité peut se fondre dans les types qui se trouvent de chaque côté du vôtre ou être influencée par eux. Elle est parfois nettement modifiée par une aile forte.

IL EST BRANCHÉ SUR TOUT LE MONDE !

Les Neuf avec une aile Huit développée tendent à être plus francs, affirmés et anti-autoritaristes. Ils passent parfois de l'envie de s'opposer à celle de se montrer conciliants.

Les Neuf avec une aile Un développée tendent à être plus ordonnés et critiques, à mieux se contrôler sur le plan émotionnel et à être plus accomodants.

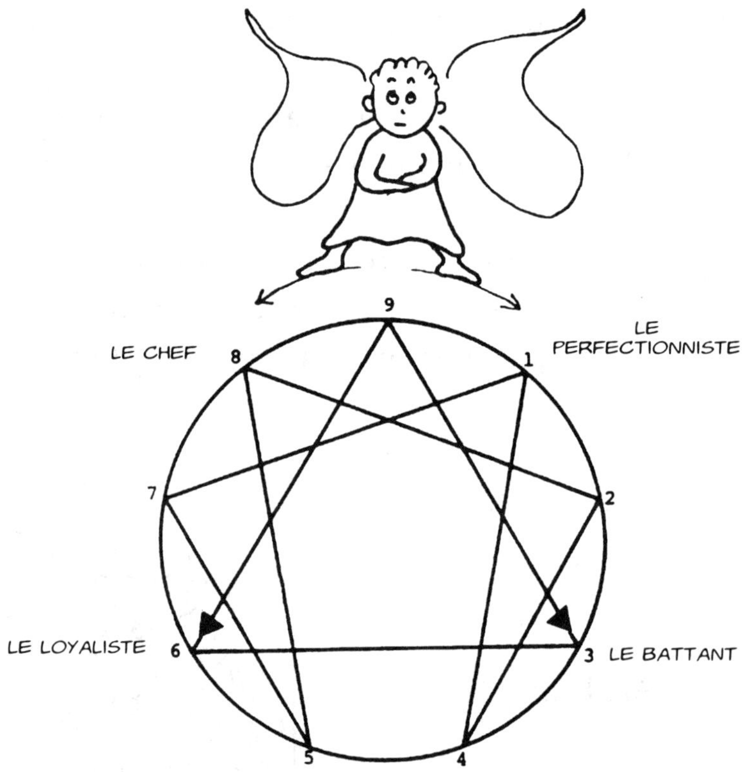

DÉPLACEMENTS DANS L'ENNÉAGRAMME

Suivant les lignes du diagramme, les Neuf vont vers le Trois dans une direction et vers le Six dans l'autre. Ils vont vers le côté positif du Trois lorsqu'ils se sentent en sécurité ; ils peuvent également cultiver consciemment ces qualités positives. Ils vont vers le côté négatif du Six lorsqu'ils sont stressés ; mais ils peuvent s'efforcer consciemment d'éviter ces traits négatifs. Lisez le chapitre sur les types Trois et Six afin d'en apprendre davantage sur eux.

Quand les Neuf vont vers le côté positif du Trois, ils :

Deviennent plus énergiques, efficaces et productifs.

Restreignent leur champ d'intérêt.

Ont davantage confiance en eux.

Vivent moins à travers les autres et prennent davantage le contrôle de leur vie.

Quand les Neuf vont vers le côté négatif du Trois, ils :

Se chargent de plus de projets qu'ils ne peuvent en mener à bout.

Essaient d'impressionner les gens afin de se sentir à part.

Travaillent pour obtenir respect et admiration, plutôt pour atteindre leurs objectifs les plus importants.

Quand les Neuf vont vers le côté négatif du Six, ils :

Sont envahis par l'anxiété et l'inquiétude.

Doutent plus d'eux-mêmes, sont indécis et rigides.

Deviennent plus passifs et inactifs.

Quand les Neuf vont le côté positif du Six, ils :

Deviennent plus directs et francs.

Font davantage preuve de loyauté.

Deviennent plus pratiques et réalistes.

SUGGESTIONS PRATIQUES ET EXERCICES POUR UN "NEUF"

JE L'AI VU TOUT D'UN COUP DEVENIR DE MAUVAISE HUMEUR, ET JE RESTE LÀ A ME DEMANDER POURQUOI IL EST DE GLACE !

1. Relations

Faites le premier pas pour changer les choses qui ne vont pas, au lieu d'espérer qu'elles changeront d'elles-mêmes.

Demandez aux autres de se joindre à vos activités au lieu de toujours suivre les leurs.

Quand vous parlez avec les gens, exprimez vos problèmes au lieu de vous contenter d'écouter les leurs.

Au lieu de répondre "je ne sais pas" ou "ce que vous déciderez me conviendra", dites par exemple : "je vous dirai quand j'aurai décidé".

Quand vous avez envie d'être seul, dites-le.

Exprimez vos opinions et vos sentiments. Apprenez à secouer un peu le bateau.

2. Colère

Apprenez à devenir conscient de votre colère, puis à l'exprimer de façon appropriée (de nombreux Neuf ont des explosions volcaniques de colère, dues au fait qu'ils la refoulent).

Efforcez-vous de prendre conscience de votre colère avant de l'avoir inconsciemment déversée sur les autres.

Notez les moments où vous vous sentez critique. C'est une attitude qui cache souvent la colère.

Evitez d'agir comme si tout était parfait alors que ce n'est pas le cas.

Apprenez à ressentir la montée de la colère dans votre corps.

SALLY COMMENCE A ENTRER EN CONTACT AVEC SA COLÈRE

3. Travail

Puisque l'obligation de se fixer des objectifs risque de se transformer en tendance à remettre au lendemain, établissez chaque jour une brève liste des choses que vous voulez faire et faites au moins les premières.

LES "NEUF" NE SAVENT PAS S'ARRÊTER UNE FOIS QU'ILS SONT LANCÉS.

Définissez des objectifs avec des délais bien précis. Ajoutez-en d'autres une fois vous avez atteint les premiers.

Passez immédiatement à l'action ; ensuite, occupez-vous de votre ambivalence et des conséquences.

Offrez-vous une récompense lorsque vous avez achevé un travail.

Apprenez les techniques de gestion du temps afin de vous aider à rester centré et à suivre une seule piste à la fois.

Décidez d'écouter votre musique favorite pendant que vous accomplissez vos tâches domestiques.

4. Remise au lendemain et prise de décision

Clarifiez vos objectifs, puisque les Neuf peuvent être très efficaces quand ils sont sûrs de ce qu'ils veulent.

Si, au fond de vous, vous sentez bien ce que vous envisagez de faire, faites-le.

Eliminez tout ce que vous ne voulez pas afin de vous aider à découvrir ce que vous voulez.

Prenez vos décisions en vous basant sur ce qui plaît à vos sens : aimez-vous la couleur ? le toucher ?

Entraînez-vous à prendre des décisions pour de petites choses. Ceci vous permettra de passer progressivement aux questions plus importantes.

LES "NEUF" REMETTENT TOUJOURS AU LENDEMAIN, MÊME LEUR ENVIE DE SORTIR DE LEURS GONDS !

5. Estime de soi

Entamez un programme d'exercice physique. Le taï chi chuan et les autres arts martiaux conviennent particulièrement bien aux Neuf.

Résistez à l'envie d'échapper à vos problèmes par la nourriture, les drogues, la télévision, l'excès de sommeil ou la lecture.

Quand une relation se termine, résistez à la tentation d'en entamer aussitôt une autre. Prenez le temps de réfléchir à ses forces et à ses faiblesses.

Afin de développer votre indépendance, créez-vous de nouvelles amitiés et relations en-dehors de votre partenaire.

Lorsque vous avez des problèmes, demandez à un ami de vous écouter sans vous donner de conseil.

MONTREZ VOS TALENTS, FAITES-NOUS APPRECIER VOS DONS.

CE QU'UN "NEUF" NE RÊVERAIT JAMAIS DE FAIRE

Se plaindre aussitôt lorsque son partenaire lui demande, sur un ton autoritaire, de faire un travail désagréable.

Appeler un présentateur agressif et se lancer dans un concours de hurlements.

Provoquer sciemment un tollé dans une réunion de famille.

Annoncer longtemps à l'avance qu'il va aller dans un endroit que son partenaire n'apprécie pas, lui laissant ainsi suffisamment de temps pour se disputer avec lui sur ce sujet.

Annoncer à toutes les personnes d'un groupe qu'il est en colère et expliquer à chacune ce qu'elle a fait pour qu'il en soit ainsi.

Répondre "je n'ai pas envie de parler" quand un ami ayant désespérément besoin de sympathie l'appelle.

Affronter quelqu'un en face pour le critiquer.

CHOSES POSITIVES A VOUS DIRE

Je demande ce que je veux.

J'apprends à reconnaître mon ressentiment et à le transformer en source d'énergie.

Je préfère me culpabiliser plutôt que de satisfaire les attentes de quelqu'un d'autre.

J'ai ce qu'il me faut. J'existe suffisamment par moi-même.

APRÈS LE DINER

CORRESPONDANCES ENTRE ENNÉAGRAMME ET TYPES JUNGIENS

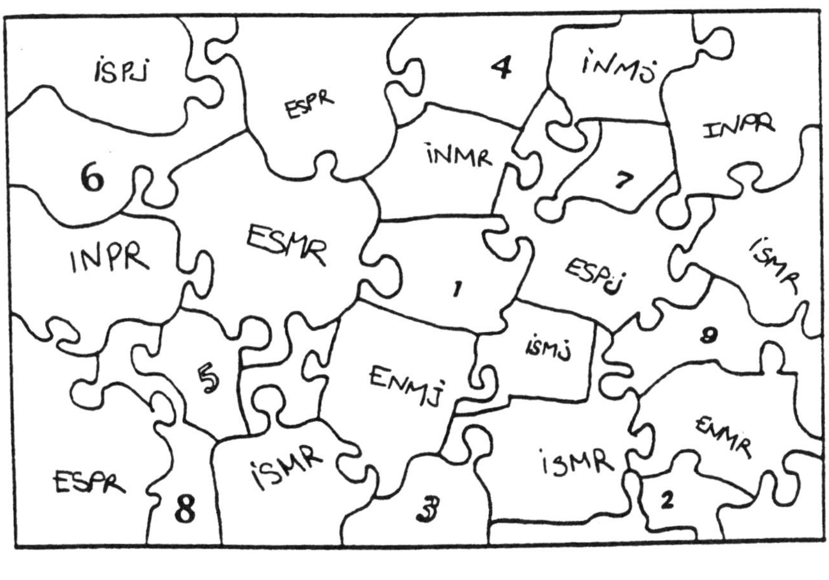

On peut expliquer de nombreuses variations au sein des neuf types en mettant en relation le célèbre Myers-Briggs Type Indicator (MBTI) avec l'ennéagramme. En effet, ce rapprochement, qui accroît la précision et l'ampleur du système, permet une compréhension plus fine et mieux adaptée. Vous n'avez pas besoin de connaître déjà le MBTI, puisque nous allons vous familiariser avec lui ici même, en :

- définissant les huit préférences du MBTI ;
- appliquant ces huit préférences aux types de l'ennéagramme ;
- expliquant chacune des seize personnalités du MBTI dans le contexte des quatre tempéraments de Keirsey ;
- corrélant les deux systèmes en un diagramme intéressant à utiliser.

INTRODUCTION A L'INVENTAIRE DE PERSONNALITÉ DU "MBTI"

On admet généralement que chacun naît avec une préférence pour quatre des huit traits de personnalité que mesure le MBTI (une pour chacune des quatre paires). Durant la première moitié de la vie, on renforce ses traits préférés afin de se construire une personnalité forte ; dans la seconde moitié, on renforce les plus faibles pour devenir plus équilibré et plus complet. Par exemple, un introverti développera davantage d'extraversion et un extraverti davantage d'introversion.

Le MBTI est un inventaire de personnalité ou test basé sur le travail de Carl-Gustav Jung. Il mesure les préférences individuelles concernant les quatre échelles suivantes :

1. la façon dont les gens sont en relation : davantage avec le monde extérieur ou davantage avec le monde intérieur (Extraversion ou Introversion) ;

2. la façon dont les gens préfèrent prendre ou recevoir des informations (Sensation ou iNtuition) ;

3. la façon dont les gens préfèrent faire des évaluations ou prendre des décisions (Pensée ou sentiMent) ;

4. la façon dont les gens vivent : s'ils sont organisés et recherchent la fermeture, ou bien s'ils sont spontanés et ouverts (Jugement ou peRception).

Chaque type, désigné par quatre lettres, consiste en une combinaison de préférences pour l'un ou l'autre élément de chacune des paires de traits ci-dessus. Une personne qui préfère Extraversion, Sentiment, Pensée et Jugement sera désignée par les lettres EMPJ. Il existe seize combinaisons possibles ou types.

Chaque personne fait appel aux huit préférences, mais, dans chaque paire, une tend à être plus développée.

DÉFINITIONS DU "MBTI"

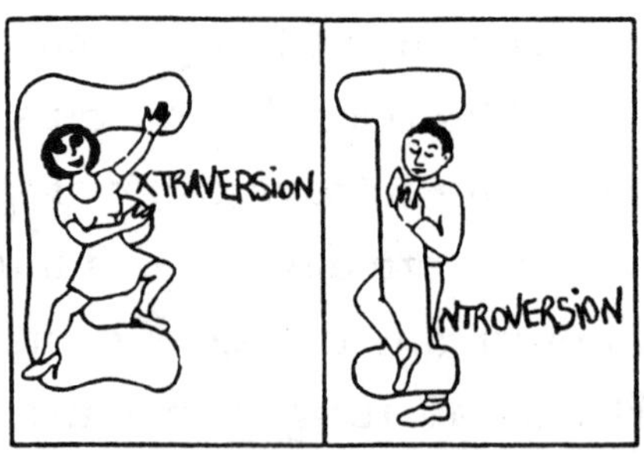

La préférence entre Extraversion et Introversion

Les gens sont davantage en relation soit avec le monde extérieur, soit avec le monde intérieur.

Les Extravertis

- sont sociables, actifs, généralement à l'aise avec les gens
- sont dynamisés par le monde extérieur
- s'intéressent à l'étendue des expériences
- découvrent ce qu'ils pensent et sentent en parlant et en faisant
- agissent d'abord et éventuellement réfléchissent ensuite

Les Introvertis

- sont tranquilles, réfléchis, et préfèrent les relations à deux
- sont dynamisés par la solitude
- s'intéressent à la profondeur des expériences
- découvrent ce qu'ils pensent et sentent en traitant les informations intérieurement
- réfléchissent d'abord, puis éventuellement agissent

La préférence entre Sensation et iNtuition

La façon dont les gens prennent ou perçoivent les informations.

Les Sensitifs
- se fient aux informations qu'ils obtiennent directement par leurs cinq sens
- sont pratiques et ont les pieds sur terre ; vivent dans le présent
- s'intéressent à ce qu'ils ont sous la main davantage qu'aux possibilités futures
- travaillent étape par étape d'une manière prédéfinie ; font généralement attention aux détails

Les iNtuitifs (en abrégé : N)
- obtiennent les informations par leur sixième sens (pressentiments, éclairs de compréhension, inspirations)
- s'intéressent aux possibilités ; utilisent leur imagination et leur vision
- aiment faire les choses de façon nouvelle ; travaillent par à-coups
- se focalisent sur l'ensemble du tableau ; tendent à ignorer les détails

La préférence entre Pensée et Sentiment

Une fois que les gens ont perçu les informations au travers de leurs préférences Sensation/iNtuition, ils aboutissent à des conclusions et prennent des décisions basées sur leur préférence Pensée/sentiMent.

Les Penseurs
- utilisent la logique et l'analyse pour prendre des décisions
- valorisent les principes, les lois et les procédures
- tendent à être impersonnels, objectifs et critiques

Les sentiMentaux (en abrégé : M)
- sélectionnent les informations à travers leur filtre personnel
- valorisent l'harmonie ; soutiennent les autres et font preuve d'empathie
- s'épanouissent sous les compliments ; sont sensibles aux critiques

La préférence entre Jugement et peRception

Elle mesure la façon dont les gens organisent leur vie lorsqu'ils sont en rapport avec le monde extérieur. Les Juges émettent des jugements de valeur relativement vite, en utilisant la Pensée ou le sentiMent, et aboutissent à la fermeture. Les peRceptifs excluent la fermeture le temps de rassembler les informations au travers de leur Sensation et de leur iNtuition.

Les Juges

- sont relativement structurés et efficaces
- vivent d'une manière planifiée et organisée ; tendent à faire des listes et à les suivre
- poussent à prendre des décisions rapidement pour en arriver à une fermeture

Avoir une préférence pour le Jugement ne signifie pas "être critique".

Les peRceptifs (en abrégé : R)

- sont relativement adaptables, flexibles et spontanés
- veulent garder leurs opinions ouvertes et explorer de nouvelles possibilités
- retardent la fermeture en rassemblant de plus en plus d'informations avant de prendre une décision

LES PRÉFÉRENCES JUNGIENNES APPLIQUÉES A L'ENNÉAGRAMME

Un (le Perfectionniste)

Les Un Extravertis sont souvent des meneurs et tendent à imposer aux autres leurs critères de perfection.

Les Un Introvertis dirigent leur perfectionnisme vers l'intérieur et tendent à se focaliser davantage sur leur propre amélioration.

Les Un Sensitifs sont pratiques et tournés vers les détails ; ils accordent de la valeur aux règles et aux traditions.

Les Un iNtuitifs tendent à être idéalistes, novateurs, individualistes et non traditionnalistes.

Les Un Penseurs sont logiques, analytiques, critiques et davantage intéressés par les faits et les choses que par les gens.

Les Un sentiMentaux accordent de la valeur au fait d'aider les autres et de favoriser l'harmonie, ont peur des critiques et tournent parfois leur colère vers l'intérieur.

Les Un, de par leur préférence habituelle pour le Jugement, sont dignes de confiance, organisés et structurés.

Le développement de la peRception les rend flexibles, adaptables et spontanés.

Leur trait caractéristique est le Jugement.

Deux (l'Altruiste)

Les Deux Extravertis sont bavards, dramatiques et énergiques. Ils vont vers les gens et aiment recevoir de l'attention.

Les Deux Introvertis sont réservés, tranquilles et secourables.

Les Deux Sensitifs offrent aux autres une aide pratique, terre-à-terre.

Les Deux iNtuitifs sont individualistes et vivent dans le monde des idées. Ils développent l'art de la persuasion et réfléchissent à des moyens d'améliorer la vie des gens.

Les Deux préfèrent le sentiMent. Ils sont généralement chaleureux et capables d'empathie, et font leur possible pour rendre leur environnement harmonieux.

Le développement des qualités de la Pensée que sont l'objectivité et le détachement les aide à prendre les choses moins personnellement. Ils ne sont presque jamais du type Pensée.

Les Deux Juges sont consciencieux, sérieux, ordonnés et responsables.

Les Deux peRceptifs tendent à être gais, adaptables et spontanés.

Le trait prédominant des Deux est le sentiMent. Ils tendent vers l'Extraversion.

Trois (le Battant)

Les Trois tendent à être Extravertis, tournés vers l'action et rapides. Les Trois Extravertis ont de bonnes capacités de communication et aiment être sous les feux de la rampe.

Les Trois Introvertis sont plus calmes, plus réservés et tournés vers l'intérieur.

Les Trois Sensitifs tendent à être réalistes et traditionnalistes ; ils résolvent les problèmes en tenant compte des détails.

Les Trois iNtuitifs, tournés vers l'avenir, sont novateurs ou visionnaires.

Les Trois qui préfèrent la Pensée sont objectifs, opiniâtres et tournés vers leurs objectifs. On les trouve souvent à la tête des sociétés.

Les Trois sentiMentaux sont plus tournés vers les gens ; ce sont généralement des femmes. L'harmonie est très importante pour eux.

Les Trois Juges sont structurés, organisés et efficaces.

Les Trois peRceptifs sont plus spontanés, flexibles et souples.

Les Trois tendent vers l'Extraversion et le Jugement.

Quatre (le Romantique)

Les Quatre Extravertis sont sociables et expressifs (parfois très brillants). Ils ont souvent une aile Trois développée.

Les Quatre Introvertis sont plus sérieux, réservés et en retrait.

Les Quatre Sensitifs s'expriment à travers l'action et vivent davantage dans l'ici et maintenant.

Les Quatre iNtuitifs sont fins, idéalistes et souvent plus intéressés par le monde de l'imagination que par la réalité de tous les jours.

Les Quatre préfèrent le sentiMent. Ils sont émotionnellement sensibles, capables d'empathie et chaleureux.

Les Quatre Penseurs sont rares. Ils tendent à être plus analytiques et objectifs.

Le Jugement aide les Quatre à se concentrer et à persévérer.

Les Quatre peRceptifs sont impulsifs, indécis et souples.

Les traits prédominants des Quatre sont l'Introversion et le sentiMent.

Cinq (l'Observateur)

Les Cinq Extravertis sont francs, sociables, et s'affirment sur le plan intellectuel.

La plupart des Cinq sont Introvertis, détachés, réservés et calmes.

Les Cinq Sensitifs sont réalistes, pratiques, et aiment classer des données.

Les Cinq iNtuitifs tendent à être plus fins, novateurs, théoriques et scolaires.

Les Cinq Penseurs font appel à la logique et à l'analyse pour résoudre les problèmes et prendre des décisions.

Les Cinq sentiMentaux tendent à être sensibles et à s'harmoniser avec les gens ; ils ont souvent une aile Quatre développée.

Les Cinq Juges sont organisés, déterminés et tendent à exprimer leurs idées dans le monde.

Les Cinq peRceptifs sont moins focalisés sur l'achèvement. Ils peuvent être distraits par d'autres possibilités.

Les traits prédominants des Cinq sont l'Introversion et la Pensée.

Six (le Loyaliste)

(Les Six tendent à changer de préférences plus que tout autre type.)

Les Six Extravertis sont bavards et sociables.

Les Six Introvertis sont plus réservés et secrets.

Les Six Sensitifs sont pratiques, dignes de confiance et traditionnalistes.

Les Six iNtuitifs sont individualistes, novateurs et tournés vers l'avenir. Ils préfèrent le discours et la réflexion à l'action.

Les Six Penseurs tendent à être critiques, objectifs et logiques. Ils sont plus souvent contre-phobiques que les types sentiMentaux.

Les Six sentiMentaux sont attentionnés, loyaux, dépendants et souvent phobiques.

Les Six préfèrent souvent le Jugement. Ils accordent de la valeur à la structure et à la fermeture.

Les Six peRceptifs sont plus souples et spontanés.

Les Six correspondent à tous les types du MBTI.

Sept (l'Epicurien)

Les Sept Extravertis sont bavards, sociables, rapides ; ils aiment s'amuser. Ils ont généralement des amis et des expériences variés.

Les Sept Introvertis sont plus réservés, secrets, tranquilles et joueurs.

Les Sept Sensitifs sont orientés vers l'action, joueurs et réalistes. Ils apprennent par les expériences de première main et par l'observation.

Les Sept iNtuitifs tendent à être imaginatifs, créatifs et novateurs.

Les Sept Penseurs tendent à être objectifs, logiques, à aimer les défis et à se montrer brusques.

Les Sept sentiMentaux sont plus doux, plus sympathiques et plus tournés vers les gens.

Les Sept Juges tendent à être de bons administrateurs et organisateurs, capables de suivre parfaitement leurs projets et plans.

Les Sept préfèrent souvent la peRception. Ils aiment garder leurs options ouvertes et ont parfois du mal à mener leurs projets jusqu'au bout.

Les Sept tendent à l'Extraversion et à la peRception.

Huit (le Battant)

Les Huit Extravertis sont énergiques, exubérants, francs et rapides. Ce sont souvent de puissants meneurs.

Les Huit Introvertis sont secrets, réservés et tranquilles ; ils aiment contrôler. Ils ne ressemblent pas du tout aux Huit Extravertis.

Les Huit Sensitifs ont les pieds sur terre, sont pragmatiques et s'intéressent aux faits.

Les Huit iNtuitifs sont souvent des meneurs visionnaires ou novateurs.

Les Huit qui préfèrent la Pensée sont directs, analytiques et brusques.

Les Huit qui préfèrent le sentiMent sont capables d'aider et de soutenir les autres. Ils sont moins énergiques ou enclins à contrôler que les Huit Penseurs, à moins d'être poussés ou traités injustement.

Les Huit qui préfèrent le Jugement sont décidés, organisés et persévérants.

Les Huit qui préfèrent la peRception sont plus spontanés, agités et anti-autoritaristes.

Les Huit tendent à l'Extraversion et à la Pensée.

Neuf (le Médiateur)

Les Neuf Extravertis sont sociables, bavards et énergiques.

Les Neuf Introvertis sont tranquilles, amicaux, modestes et réservés.

Les Neuf Sensitifs sont traditionnalistes, ont les pieds sur terre et vivent dans le moment présent.

Les Neuf iNtuitifs sont plus idéalistes et individualistes ; ils s'intéressent au monde des idées et du possible.

Les Neuf qui préfèrent la Pensée tendent à être analytiques, critiques et objectifs.

Les Neuf qui préfèrent le sentiMent accordent de la valeur à l'harmonie et aux relations agréables.

Les Neuf Juges sont organisés et productifs, et veulent la fermeture.

Les Neuf préfèrent souvent la peRception. Ils aiment garder leurs options ouvertes et ont parfois du mal à mener leurs projets jusqu'au bout.

Les Neuf tendent à l'Introversion et à la peRception.

L'ENNÉAGRAMME CORRÉLÉ AVEC LES NEUF TYPES DE MYERS-BRIGGS

(ORGANISÉS SELON LA THÉORIE DES QUATRE TEMPÉRAMENTS DE DAVID KEIRSEY)

Les Traditionnalistes : le tempérament SJ

Sensation/Jugement
- veulent se rendre utiles, être au service d'autrui et appartenir à un groupe
- ont le sens du devoir, sont loyaux et consciencieux ; ont pour valeurs famille et tradition
- sont réalistes et pratiques ; aiment les structures et les procédures clairement définies
- se font souvent du souci pour l'avenir
- se sentent parfois obligés, surchargés et trop sollicités

Professions : travailler pour les institutions établies et servir les autres en tant qu'enseignants, directeurs, infirmières, prêtres, banquiers, commerçants, volontaires du service civil et chefs de famille.

Les ESTJ (Extraversion, Sensation, Pensée, Jugement) sont logiques, décidés, efficaces et francs ; ils veulent des responsabilités et font grand cas de l'efficacité.

Les ESMJ (Extraversion, Sensation, sentiMent, Jugement) sont enthousiastes, chaleureux, bavards et sympathiques ; ils veulent être au service d'autrui.

Les ISPJ (Intraversion, Sensation, Pensée, Jugement) sont calmes, sérieux, précis et travailleurs ; ils sont tournés vers les détails et solides dans le suivi.

Les ISMJ (Intraversion, Sensation, sentiMent, Jugement) sont calmes, amicaux, modestes, dévoués et exceptionnellement dignes de confiance. Ils aident souvent les gens dans les coulisses.

Les actifs : le tempérament SR

Sensation/peRception
- aiment la liberté et l'action, mais sont pratiques et réalistes
- sont optimistes, généreux, enthousiastes, spontanés et souples
- sont des "esprits libres" et veulent être considérés comme tels ; n'aiment pas être enfermés, obligés et contraints à une routine
- vivent dans le présent et l'apprécient ; ne sont pas très intéressés par les projets à long terme et l'achèvement

Professions : aiment la variété et le défi en tant que pilotes, pompiers, paramédicaux, entrepreneurs, dépanneurs et athlètes. Certains aiment travailler comme artisans, artistes, infirmières, enseignants et éducateurs.

Les ESPR (Extraversion Sensation Pensée peRception) sont pragmatiques, énergiques, attirés par le risque et le défi, parfois brusques et provocateurs.

Les ESMR (Extraversion Sensation sentiMent peRception) sont amicaux, à l'aise, grégaires et bavards ; ils aiment aider les autres.

Les ISPR (Intraversion Sensation Pensée peRception) sont tranquilles, réservés, indépendants et détachés ; ce sont souvent des spectateurs curieux.

Les ISMR (Intraversion Sensation sentiMent peRception) sont naturels, doux, modestes, loyaux, capables de compassion, ouverts d'esprit et conciliants.

Les chercheurs de connaissance : le tempérament NP

iNtuition/Pensée

- ont besoin de savoir et d'être compétents
- sont novateurs, analytiques et théoriciens
- s'intéressent à la vue d'ensemble, à ce qui pourrait être
- ont de grandes exigences vis-à-vis d'eux-mêmes
- ont tendance à défier les autorités ou à tester le système

Professions : explorer des idées, développer des modèles, échaffauder des systèmes en tant que scientifiques, philosophes, architectes, inventeurs, ingénieurs et spécialistes de la sécurité.

Les ENPJ (Extraversion iNtuition Pensée Jugement) sont novateurs, logiques, efficaces, directs, décidés et exigeants ; ils deviennent souvent des meneurs.

Les ENPR (Extraversion iNtuition Pensée peRception) sont enthousiastes, francs, non conformistes, novateurs et ingénieux ; ils ont parfois des difficultés avec le suivi.

Les INPJ (Introversion iNtuition Pensée Jugement) sont très indépendants, déterminés et individualistes. Ils parviennent à leurs buts et y amènent les autres.

Les INPR (Introversion iNtuition Pensée peRception) sont théoriciens, analytiques, curieux, réservés et fins. Ils apprécient la précision de la pensée et du langage, et aiment résoudre les problèmes.

Les chercheurs d'identité : le tempérament NM

iNtuition/sentiMent
- cherchent et expriment une identité qui leur est propre ; sont imaginatifs et fins ; ce sont les derniers à être compris par les autres
- sont chaleureux et attentionnés ; investissent beaucoup d'eux-mêmes dans les relations
- sont facilement blessés par les critiques
- ont envie d'améliorer le monde et de faire sortir le meilleur chez les gens
- cherchent de nouveaux moyens d'aider les autres à développer leurs potentialités

Professions : sont doués pour donner des idées et persuader par la parole, l'écriture ou la création en tant que romanciers, journalistes, enseignants, commerçants, artistes, acteurs et conseillers.

Les ENMJ (Extraversion iNtuition sentiMent Jugement) sont exubérants, curieux, sympathiques, capables d'aider et consciencieux ; ils font des orateurs et des meneurs doués.

Les ENMR (Extraversion iNtuition sentiMent peRception) sont enthousiastes, imaginatifs, versatiles, doués pour communiquer et trouver de nouvelles possibilités. Ils lancent des projets avec enthousiasme, mais ont tendance à passer à autre chose avant de les avoir menés à terme.

Les INMJ (Introversion iNtuition sentiMent Jugement) sont doux, tranquilles, consciencieux, persévérants, et recherchent l'harmonie avec autrui. Ils ont une force tranquille quant à leurs principes et leurs idées.

Les INMR (Introversion iNtuition sentiMent peRception) sont réservés, doux, curieux, créatifs, ouverts d'esprit et idéalistes. Ils préfèrent souvent travailler en indépendants.

LES TYPES DE L'ENNÉAGRAMME

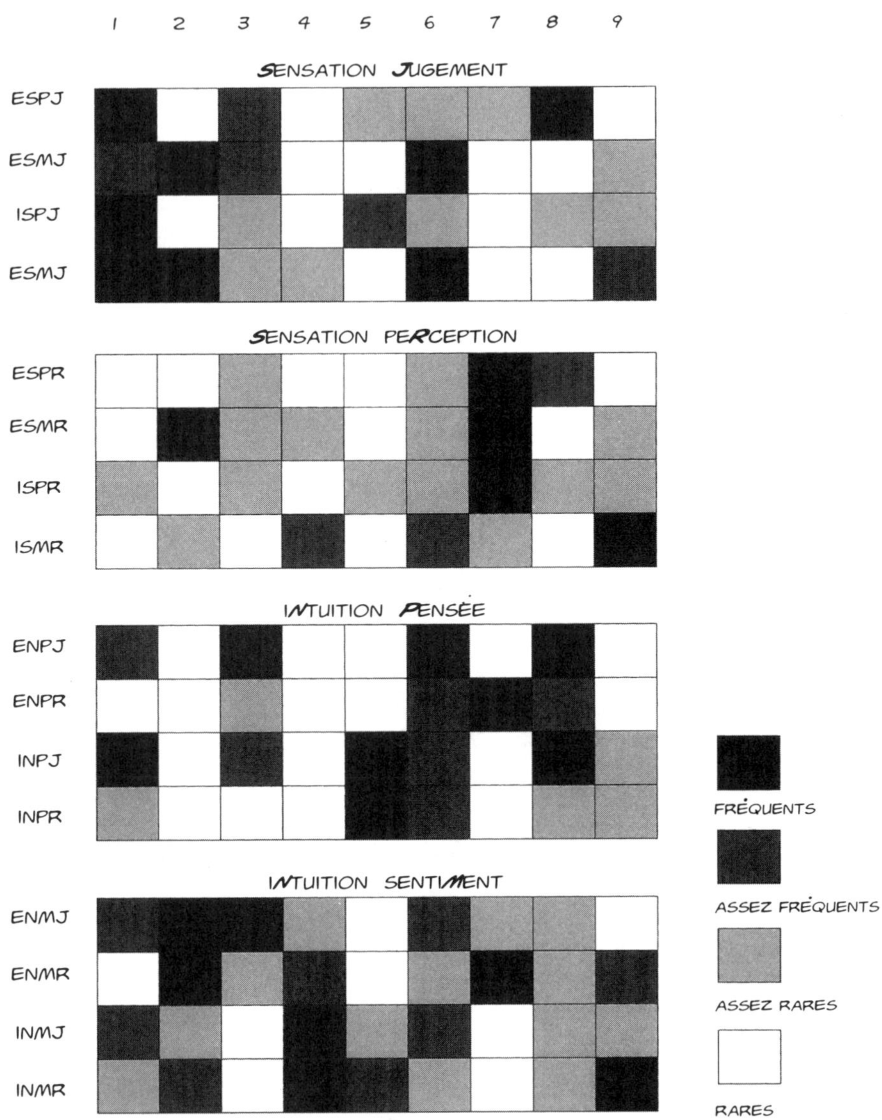

A PROPOS DES AUTEURS

Renée Baron est auteur, et se sert de l'ennéagramme dans son activité de conseillère.

Elizabeth Wagele est auteur et dessinatrice humoriste professionnel.

Toutes deux vivent à Berkeley en Californie.

LES ÉDITIONS VIVEZ SOLEIL

Beaucoup de gens croient que la maladie survient par hasard et que la santé consiste surtout à vivre comme un ascète en se privant des plaisirs de la vie !

Au fil des livres et cassettes des Editions Vivez Soleil une autre vision émerge. Oui, il est possible de sortir de l'ignorance, de la peur et de la maladie sans se priver ni se marginaliser. Oui, la santé, ça s'apprend !

Par une démarche personnelle d'information et d'expériences agréables et intéressantes, chacun peut sortir de la prison des habitudes et trouver l'équilibre du corps, du cœur, de la tête et de l'âme qui mène vers le bien-être, l'enthousiasme, la créativité et le bonheur.

A travers leurs collections *SANTÉ, DÉVELOPPEMENT PERSONNEL* et *COMMUNICATION SPIRITUELLE*, les Editions Vivez Soleil présentent les moyens les plus efficaces pour gérer sa vie et sa santé avec succès. Elles montrent la complémentarité de toutes les écoles de pensées et œuvrent pour une société plus harmonieuse, plus agréable à vivre, où la compétition est remplacée par la collaboration, le stress par l'humour et l'amour du pouvoir par le pouvoir de l'amour.

LES ÉDITIONS VIVEZ SOLEIL

France : BP 18, 74103 Annemasse Cedex
Tél. 50.87.27.09

Suisse : CP 313, 1225 Chêne-Bourg/Genève
Tél. 022/349.20.92

LECTURE CONSEILLÉE CHEZ LE MÊME ÉDITEUR

Ceux qui souhaitent approfondir leurs connaissances de l'énnéagramme pourront se reporter avec profit au livre d'Helen Palmer "L'Ennéagramme".

Cet ouvrage est considéré comme la base indispensable et développe de manière exhaustive toutes les psychologies des neuf types en expliquant la personnalité acquise de chaque type et les sous-types de la manière d'être.

La structure de l'énnéagramme est largement commentée (intuition, mécanismes de défense, pathologies...) :

Un ouvrage nécessaire pour utiliser un outil puissant !

CHEZ LE MÊME ÉDITEUR

Numérologie et mieux-être
François Notter

L'auteur, " numérologue humaniste " renommé, nous offre l'éventail complet de ses travaux et recherches.

Dans ce livre, nous sommes invités à établir notre thème numérologique pour prendre conscience des fondements de notre personnalité et développer la richesse inépuisable de nos ressources intérieures.

Comment ? En établissant d'abord une fine " radioscopie de notre moi intime ", de façon à progresser ensuite grâce à des interprétations détaillées et à un ensemble complet d'outils de synthèse.

Pour éclairer notre chemin de vie, mieux se connaître, mieux se rencontrer… et mieux s'aimer.

L'athlète intérieur
Dan Millmann

Il y a en chacun de nous un athlète naturel qui ne demande qu'à naître

Ce livre vous montrera comment améliorer vos aptitudes, accélérer votre apprentissage et libérer votre potentiel en transformant l'entraînement en une voie de croissance personnelle et de découverte de soi.

Pour Dan Millman, il s'agit de développer l'équilibre nécessaire, c'est-à-dire d'intégrer le physique, le mental et l'émotionnel. Ces trois éléments réunis sont le gage de la qualité de la performance.

Que vous soyez un sportif de niveau international, un sportif du dimanche ou un fanatique de la forme, les principes, techniques et exercices présentés dans ce livre vous offriront une approche moins stressante et plus sensée des mouvements qui associent l'entraînement à la vie quotidienne.

Dan Millman est un ancien champion du monde de trampoline. Gymnaste consacré, entraîneur et professeur à l'université, ses écrits ont inspiré des millions de lecteurs.

Le dictionnaire des rêves
Betty Bethards

Que signifie rêver d'être poursuivi chaque nuit par un monstre ? Faut-il s'inquiéter si l'on rencontre la mort en rêve ? Ou ressentir de la gêne devant un rêve érotique ?

Vous rêvez chaque nuit, même si vous ne vous souvenez pas de vos rêves. Les rêves constituent un moyen formidable de se découvrir, car ils vous donnent la lucidité, la guidance et l'inspiration nécessaires à cette découverte. Tous les rêves – y compris les cauchemars – recèlent des messages positifs. Il vous suffit d'apprendre à déchiffrer le symbolisme onirique pour comprendre ce que vos rêves essaient de vous transmettre.

Cette nouvelle édition augmentée comprend les interprétations de plus de 1650 symboles oniriques, ainsi que des explications sur les rêves récurrents, sur les rêves violents, les rêves prémonitoires, les rêves de serpents, de chute, les rêves érotiques, d'argent, de mort, d'envol et d'autres encore. En outre, vous apprendrez à vous souvenir plus clairement de vos rêves et à découvrir les manières de les utiliser pour résoudre les problèmes de la vie réelle. Si vous ne prêtez pas attention à vos rêves, vous passerez à côté d'un tiers de votre vie !

Oui a la femme
Louise L. Hay

Ce livre s'adresse aux femmes.

À l'approche du troisième millénaire, beaucoup de gens parlent des changements qui vont se produire sur terre.

Louise Hay, dans un livre très inspiré et très intuitif, nous révèle que les changements primordiaux que nous verrons lors de ces décennies à venir concerneront les mentalités : ce seront des changements intérieurs.

Elle appelle notre attention sur le fait que lorsque nous, les femmes, nous voudrons bien modifier nos conceptions personnelles, nous pourrons connaître une vie bien plus vaste et plus enrichissante.

Le but de Louise Hay est que les femmes, toutes les femmes, sachent s'aimer et se respecter, soient conscientes de leur valeur et occupent une place importante dans la société. Dans le style direct et chaleureux qui est le sien (elle est l'auteur de nombreux best-sellers), elle nous montre avec une grande finesse et une connaissance approfondie de la psychologie féminine comment chaque femme, quels que soient son âge ou sa condition sociale, peut atteindre cet objectif et faire de l'avenir des années plus satisfaisantes, plus riches, plus fécondes qu'aujourd'hui.

Entrez dans la magie
Un pied dans chaque monde
Gill Edwards

Un pied dans chaque monde signifie marcher avec le pied droit fermement ancré dans la réalité concrète du quotidien, pendant que le pied gauche sillonne le monde enchanté par-delà l'espace-temps du chaman, du mystique, du métaphysicien et du visionnaire. En unifiant ces deux mondes en un seul, nous commençons à nous guérir des divisions immémoriales séparant la matière et l'esprit, la terre et le ciel, le masculin et le féminin. Quand l'Esprit nous accompagne dans la vie quotidienne – quand nous marchons en posant un pied dans les deux mondes – nous avons non seulement le pouvoir de changer notre vie, mais aussi celui de guérir notre planète.

Si les concepts présentés sont nouveaux pour vous, la plus grande partie de ce livre se lira comme de la science-fiction. Il remet en effet en question si radicalement la validité des hypothèses basées sur notre « bon sens », qu'il pourrait vous paraître absolument fou !

Mais pourquoi ne pas essayer quelques-uns des exercices pour voir si vous menez une vie plus joyeuse, plus aimante, plus créative, plus intéressante, plus épanouie lorsque vous entrez dans la magie. Découvrez si cela marche pour vous.

Entrez dans la magie aborde le quotidien d'une façon éminemment pratique. L'ouvrage propose tout un ensemble de techniques applicables à toutes sortes de situations et basées sur la connaissance de la façon dont nous créons notre réalité.

C'est un livre conçu pour être pratiqué et pas simplement pour être lu. Afin de changer votre vie, il faut l'*appliquer*, l'*expérimenter*, le *vivre*.

Ce livre est bien plus qu'un ensemble d'idées curieuses accompagnées d'exercices destinés à meubler le vide d'un ou deux dimanches. C'est une façon de vivre – chaque jour, tous les jours. Ce choix peut transformer votre quotidien. C'est le choix de grandir dans l'amour et dans la joie plutôt que dans la peur et dans la lutte. C'est le choix de créer un paradis sur terre, au niveau personnel et global. C'est le choix d'actualiser notre potentiel illimité.

Puissiez-vous réaliser tous vos rêves et marcher en vous rappelant qui vous êtes.

Guide pratique de l'intuition
Introduction de Demi Moore
Laura Day

Intuition. Pressentiment. Sixième sens. Quelle que soit la manière dont vous l'appelez, vous vous en servez chaque jour.

Quelle que soit la décision à prendre – quelle sorte de tapis acheter pour le salon, quels vêtements choisir pour une réunion importante, quel accord financier à monter pour le travail – la décision finale provient en partie du côté intuitif de notre esprit.

Laura Day a enseigné à des managers, des analystes financiers, des stars et des docteurs comment se servir consciemment de notre sixième sens caché.

Au contraire de beaucoup de spécialistes qui vous disent que vous devez être né avec un sixième sens, Laura Day nous prouve que toute personne, avec un peu de pratique, peut devenir consciemment intuitive et user de son sixième sens.

Dans son guide pratique de l'intuition, elle nous montre comment ses étudiants ont appliqué ses techniques pour découvrir les incroyables pouvoirs de leurs esprits. Désormais, ils se servent de ces techniques pour s'aider à prendre les décisions nécessaires dans la vie quotidienne et vous pourrez bientôt agir de même.

Avec Laura comme professeur, apprenez :

– À suivre vos pressentiments et contrôler vos passions ;
– À prendre de meilleures décisions ;
– À deviner les autres et mieux les comprendre ;
– À prédire les bonnes stratégies ;
– À être mieux informé sur votre santé ;
– À savoir choisir l'âme-sœur ;
– À comprendre ce que vous souhaitez réellement…

L'alchimie de la prière
Terry Lynn Taylor

Nous prions chaque jour d'une façon ou d'une autre. Nous réclamons de Dieu ce dont nous avons besoin dans nos vies, le remercions pour les bienfaits octroyés et souvent prions pour les autres. Quand nous sommes au diapason avec Dieu, nous trouvons un sens et un but à l'existence, qui illumine jusqu'au plus infime choix d'actions à faire et nous permettent de répondre à nos défis de façon créative. Nous sommes dès lors sur un chemin de croissance spirituelle.

Dans *L'alchimie de la prière*, Terry Lynn Taylor offre une vision originale et rafraîchissante de maints aspects de la prière. Elle nous aide à :

– faire de la prière la base de notre vie quotidienne,
– découvrir notre propre manière de prier,
– maintenir une relation personnelle avec Dieu,
– devenir conscient de l'importance de la gratitude,
– créer la sérénité au milieu du rythme effréné de la vie moderne,
– pratiquer la bienveillance.

Terry Lynn Taylor est un auteur de réputation mondiale (*Les messagers de lumière* notamment) qui étudie les lois spirituelles et plus particulièrement l'angéologie. L'alchimie de la prière reflète en substance sa compréhension de ce que les anges veulent nous faire connaître à propos de la prière et de ses pouvoirs de transformation.

Le bonheur aussi… ça s'apprend

Apprenez à être heureux !

Annie Tricoire

Qu'est-ce que le Bonheur ?

Comment peut-on le définir ? La réponse sera certainement bien différente pour chacun.

Si nous prenons la définition du bonheur dans le *Dictionnaire encyclopédique de la langue française* nous lisons : " Événement heureux, hasard favorable, chance. " Donc, le bonheur serait extérieur à nous, comme un " hasard " ? Eh bien, je ne suis pas d'accord. Car pour moi : *Le bonheur ça s'apprend.*

Le bonheur doit être, avant tout, un objectif et une habitude de vie. Nous aspirons tous (ou presque) au bonheur. Nous voulons être heureux mais nous ne savons pas comment nous y prendre. Le bonheur nous paraît être un état tellement imprécis que nous nous demandons si nous pouvons le connaître.

Il paraît donc important de préciser ce qu'est le bonheur. Si on ne sait pas ce que c'est ou ce qu'il doit représenter pour nous, alors comment y arriver ?

Le bonheur est un état d'être qui s'apprend. Voilà la raison de ce livre.

Car il n'existe pas d'école du bonheur et c'est bien dommage. En effet, on nous a appris bien des choses… mais pas à vivre et encore moins à être heureux !

Nous sommes donc contraints de nous débrouiller seuls, avec nos tâtonnements, nos expériences heureuses ou malheureuses pour apprendre la vie.

Ce livre est là pour vous aider ! Il est constitué de cours, comme à l'école, mais une école particulière, puisqu'il s'agit d'une école du bonheur !

Au fil des pages vous pourrez mettre à jour votre passé, apprendre à vivre votre présent, à bien préparer votre avenir et enfin **trouver votre bonheur**.

Mais ne vous y trompez pas, il n'y a pas de recette miracle ! Il vous sera nécessaire de faire les exercices, de les assimiler, pour arriver à changer certains de vos comportements.

Ce livre vous donne **les outils nécessaires** pour générer, en vous, une dynamique de changement qui vous conduira sur le chemin du bonheur.

Comment s'aimer soi-même
Jean-Francis Crolard

Dès l'enfance, on nous a inculqué tout ce qui nous manque pour être parfait. Résultat : *Au lieu de nous aimer pour ce que nous sommes, nous ne nous aimons pas a cause de ce que nous ne sommes pas* !

Et si par bonheur, nous nous aimons bien, c'est très mal vu : " Narcissisme " nous dira-t-on. La religion chrétienne nous dit bien : " Aime ton prochain comme toi-même ", mais elle nous culpabilise dès la naissance, ce qui ne facilite pas les choses ! Alors, comment aimer les autres si " je " ne m'aime pas ? Si " je " ne m'estime pas, comment estimer quelqu'un qui m'estime ?

Pour en sortir, ce livre nous propose un itinéraire : Se connaître – S'accepter – S'aimer. Comment ? Prendre conscience des quatre dimensions de notre personnalité : mentale – émotionnelle – sexuelle et corporelle. Cesser de porter inconsciemment sur nos épaules nos quatorze ascendants : deux parents, quatre parents et huit arrière-grands-parents. Se libérer des souffrances de notre passé qui pèsent sur notre présent. Nous réconcilier avec notre corps, dans lequel notre inconscient s'est projeté et réaliser que presque toutes les maladies ont pour cause profonde la somatisation d'un manque d'amour. Connaître et aimer ce qu'il y a de positif en nous. Accepter ce qui est négatif et le transmuter en positif.

Réalisez vos rêves par la pensée positive
Pour retrouver sa joie de vivre et sa souveraineté
Johanne Razanamahay
Docteur Christian Tal Schaller

Oui il est possible de vivre hors de la peur, de la déprime, du conformisme et de la maladie !

Dans ce livre plein d'optimisme, les auteurs vous donnent les clés d'une gestion positive de vos pensées. Vous y découvrirez comment remplacer facilement les croyances négatives qui rendent la vie infernale par des images et des pensées créatives, dynamiques, chargées d'enthousiasme et de puissance. Ces formes-pensées positives vont attirer dans votre vie santé, succès et épanouissement de tout votre être.

Les techniques proposées dans ce livre ont été expérimentées par des milliers de personnes qui ont compris comment sortir de la dépendance et du malheur pour créer les conditions de leur propre bonheur.

Ne croyez pas que " c'est trop beau pour être vrai ". Osez apprendre à créer des pensées et des rêves positifs... et vous entrerez dans votre propre légende avec un plaisir d'enfant émerveillé !

La chirologie facile
Nassim Saeed Ahmad

La chirologie, ou chiromancie, est un procédé d'analyse de caractère par l'étude des signes de la main. De cette manière, nous pouvons découvrir nos talents et notre potentiel.

Mais la chirologie comporte également une composante visionnaire.

Nous pouvons dire que la chirologie est " l'alphabet " de la main et que la main est le miroir de notre personnalité.

Cet art ancien qui a pratiquement disparu de l'Europe est resté très utilisé en Chine et en Inde. L'auteur, dans un langage simple, de manière progressive et grâce à de nombreuses illustrations, nous explique les principes de cet art.

Le manuel des émotions
Se libérer de la violence et de la répression
Maître Johanne Razanamahay et Christian Tal Schaller

Notre société est confrontée à de nombreuses formes de violence (guerres, terrorisme, délinquance, conflits sociaux et familiaux, suicides...). De plus, la maladie est souvent la conséquence d'une violence que nous n'exprimons pas mais qui se retourne contre nous. Notre ignorance de nos souspersonnalités inconscientes et des principes simples de la gestion positive des émotions est à l'origine de ces fléaux. Ce livre apporte les moyens de nous guérir individuellement et collectivement. Il est le fruit de l'expérience unique d'un couple d'enseignants exceptionnels qui ont montré à des milliers de gens comment vivre dans la conscience, la santé et un **bonheur de chaque instant.**

Les dix secrets du bonheur
Adam J. Jackson

Le bonheur n'est pas déterminé par les circonstances de la vie, car vous seul pouvez le créer. Chacun de nous peut non seulement connaître le bonheur, mais encore le bonheur infini. C'est là le message lumineux de ce remarquable livre.

Cette parabole moderne sur la sagesse et le bonheur nous apprend simplement à trouver et créer le bonheur tant recherché ; il nous dit que nous possédons déjà les outils nécessaires mais que nous ne savons pas les utiliser.

Apprenez à diriger les pouvoirs de votre esprit, de votre cœur et de votre corps pour trouver le bonheur auquel vous aspirez.

Les dix secrets de la prospérité
Adam J. Jackson

La chance n'a rien à voir avec le fait de devenir riche.

Vous seul avez le pouvoir de créer votre richesse.

Dans *Les 10 secrets de la prospérité,* vous découvrirez les qualités essentielles que toutes les personnes riches ont en commun et comment vous pouvez apprendre à développer ces qualités et ainsi créer la prospérité que vous souhaitez.

Les dix secrets de la sante
Adam J. Jackson

Votre santé ne relève pas du destin ou de la chance, car c'est vous qui la créez ou la détruisez. Vous avez le pouvoir de venir à bout de toutes les maladies et de jouir d'une santé florissante. Tel est le puissant message de ce remarquable livre.

Il existe des lois universelles qui régissent tous les phénomènes naturels et toutes les manifestations de la vie, des lois dont font partie les secrets de la santé. Ces principes, venus de la nuit des temps et révélés pour la première fois par des sages et des prophètes, sont respectés et suivis encore aujourd'hui par des médecins et des thérapeutes partout dans le monde. Comme ici, l'histoire d'un jeune homme atteint d'une maladie incurable qui, guidé par un vieux Chinois mystérieux, entame un remarquable parcours pour découvrir ces secrets.

Cette parabole moderne sur la sagesse et la santé – unique, enrichissante et inspirée – délivre un message capable de transformer votre quotidien. Il vous servira de guide tout au long de votre vie.

Les dix secrets de l'amour
Adam J. Jackson

Nous désirons tous ardemment connaître l'amour et des relations de tendresse, peut-être plus que toute autre chose.

Comment se fait-il, dès lors, que tant de gens traversent leur vie dans la solitude, en cherchant l'amour mais en ne le rencontrant que rarement ? Si l'amour est vraiment ce que nous désirons le plus, comment se fait-il que les divorces et les foyers brisés atteignent des chiffres records ?

L'amour n'est pas le fruit du destin ou de la chance. Nous avons tous le pouvoir de le créer, d'aimer et d'être aimés. Nous avons tous la capacité de créer des relations enrichissantes et tendres. Peu importe notre situation présente – célibataire, ou prisonnier d'une relation stérile et malheureuse – la vie peut changer et nous avons le pouvoir de changer notre vie.

Ecrit comme une parabole pleine d'humour et de simplicité, ce livre va vous aider à trouver immédiatement l'amour dont vous rêvez.

Les nombres
Cours de perfectionnement
Philippe de Louvigny

Vous vous intéressez à la science des nombres, vous connaissez déjà les aspects essentiels d'un thème numérologique.

Les connaissances de base, succinctement rappelées ici, n'opèrent cependant pas dans tous les coins et recoins nécessaires pour une étude approfondie. Les analyses deviennent plus fines au fur et à mesure que l'on fouille ce domaine. Les données se multiplient, les aspects se diversifient. Personnalité et devenir éclatent en des dizaines de facettes et il faut reconstituer le diamant individuel de manière cohérente.

Cet ouvrage vous propose d'aller plus loin dans les notions et la pratique des nombres et vous donne la totalité des matériaux actuels employés dans ce vaste domaine, si simple en apparence, si complexe et riche en réalité.

Philippe de Louvigny s'adresse ici à des amateurs avertis, développe des aspects plus pointus et donne des outils. Vous aurez alors en votre possession tous les éléments nécessaires pour accomplir une recherche sérieuse.

À vous d'expérimenter, de vérifier et de sélectionner selon votre propre sensibilité et vos résultats.

Guide pratique de l'intuition dans les affaires
Laura Day

Intuition. Pressentiment. Sixième sens. Quelle que soit la manière dont vous l'appelez, vous vous en servez chaque jour. Quelle que soit la décision à prendre, la décision finale provient en partie du côté intuitif de notre esprit.

Laura Day a enseigné à des managers, des analystes financiers, des stars et des docteurs comment se servir consciemment de notre sixième sens caché.

Au contraire de beaucoup de spécialistes qui vous disent que vous devez être né avec un sixième sens, Laura Day nous prouve que toute personne, avec un peu de pratique, peut devenir consciemment intuitive et user de son sixième sens.

Après le succès de son premier livre, Laura Day aborde cette fois-ci la santé financière et les relations professionnelles.

L'éducation des enfants par l'enneagramme
Elizabeth Wagele

Elizabeth Wagele, auteur de *L'ennéagramme facile,* est de retour avec sa merveilleuse explication pour faire comprendre comment les neuf types de l'énnéagramme peuvent vous aider à devenir de meilleurs parents.

Avec son style direct et illustré, qui rend aisément assimilable la science de l'énnéagramme, elle nous explique les problèmes les plus communs pour les enfants tels que : habitudes alimentaires, difficultés à se mettre au lit ou le comportement avec les autres enfants.

Elizabeth Wagele nous donne des conseils simples et complète son ouvrage avec vingt judicieux conseils sur les questions que les parents se posent régulièrement.

Les questionnaires associés à chaque type d'ennéagramme vous aideront à savoir quel est le type exact de votre enfant.

Grâce à ce livre, vous éduquerez votre enfant d'une manière créative et, surtout, de la façon la plus appropriée à son caractère.

Le rebirth
Viviane Aubert

Le Rebirth est une technique d'auto-guérison.

Sa pratique permet de nous déconditionner, d'abandonner les vieux schémas pour accéder à la réalisation de soi.

Il permet de faire remonter à la conscience les traumatismes de naissance et toutes les expériences douloureuses refoulées, pour les dissoudre et les transformer en une énergie positive et créatrice.

Viviane Aubert, en racontant de nombreuses expériences vécues, nous fait mettre en pratique le Rebirth par des techniques décrites simplement et utilisables par tous.

L'éveil au quotiden
Pir Vilayat Inayat Khan

Porteur de toute la rébellion soufie contre l'institutionnalisation de la spiritualité, Pir Vilayat, avec sa sensibilité d'artiste, nous rappelle que la danse, la musique, les couleurs et l'humour sur soi sont des voies royales de la méditation. Il est vain, nous dit-il, de se lamenter en disant que le monde est une illusion. Tels les derviches vivant dans les marchés et les bazars au lieu de fuir le monde, Pir Vilayat enseigne à y quêter les traces et les signes qui sont autant d'invitations au voyage.

Bernard Ginisty.

Cofondateur de l'Association " Démocratie et Spiritualité ".

Dans la lignée des grandes figures de la tradition soufie, Pir Vilayat Khan décrit ici un chemin pratique et progressif qui conduit à ce que les mystiques appellent l'éveil. S'inspirant de la sagesse des grandes traditions spirituelles auxquelles il ajoute ses propres expériences, il enseigne une démarche originale susceptible de conduire chacun de la personnalité mondaine à la personnalité divine.

On puisera un peu du nectar qu'il distille en révélant une à une les dimensions sacrées et cachés de l'univers qui n'est autre que nous-même lorsque l'on retire les voiles qui nous le cachent.

Patrick Lévy.
Ecrivain.

Dictionnaire astrologique
Janine Mora

L'astrologie a ses racines dans la nuit des temps et a son langage bien particulier. Cette discipline, comme toutes les autres, évolue. Certains mots tombent en désuétude et sont remplacés par d'autres, plus actuels.

Ce dictionnaire se propose de venir en aide au lecteur, en lui fournissant l'explication, la plus claire et la plus simple possible, de la majorité des termes utilisés dans ce domaine.

Mon combat pour la vie
Béatrice Gautilbit

Lorsque son médecin lui annonce qu'elle souffre d'un cancer et n'a plus que trois ans à vivre, l'auteur décide de se battre. Elle est convaincue qu'aucun mal n'est irréversible. Ses choix se portent vers des thérapies naturelles qui se révèlent efficaces et améliorent sa santé.

Par son témoignage, Béatrice Gautilbit nous apporte un excellent stimulant dans le combat à mener face à la maladie.

Achevé d'imprimer sur rotative par l'Imprimerie Darantiere à Dijon-Quetigny en octobre 2000
Dépôt légal : 3e trimestre 1996 – N° d'impression : 20-1236
Imprimé en France